성풍속으로 읽는 일본

성풍속으로 읽는 일본

가벼운 성(性)의 나라 일본, 일본문화
그리고 일본여성

초판 1쇄 펴낸 날 2011. 7. 25

편역	이경덕
발행인	홍정우
편집인	이민영
디자인	문인순
마케팅	김성규, 한대혁
발행처	도서출판 가람기획
등록	제17-241(2007. 3. 17)
주소	(121-841)서울시 마포구 서교동 465-11 동진빌딩 3층
전화	(02)3275-2915~7
팩스	(02)3275-2918
이메일	garam815@chol.com
홈페이지	www.grbs.co.kr

ⓒ 이경덕, 2011
ISBN 978-89-8435-307-7(03910)

성풍속으로 읽는 일본

이경덕 편역

도서출판 가람기획

님을 만나고자 기다리고 있노라니
산이슬에 나는 온통 젖고 말았네
나를 기다리다가 님이 젖으신 그 산이슬
내가 되었더라면 좋았을 것을

《만요슈万葉集》

글을 시작하며-편역자의 말

성풍속으로 본 일본의 역사

미래를 다룬 소설에 종종 등장하는 것처럼 성에 대한 욕망이 거세된 사회가 아니라면, 성에 대한 이야기는 그곳이 술집 한구석의 왁자지껄한 농담 속에서 또는 방송과 같은 공공장소에서 매일 되풀이되고 앞으로도 그럴 것이다. 성은 본능에 속하면서도 본능에서 빗겨나 있다. 세 가지 본능 가운데 먹지 않고 자지 않고서는 생명을 유지할 수 없지만 성은 그렇지 않다. 오히려 인간의 의지가 개입된다. 이런 이유가 토대가 되어 성은 인류 문화에 큰 그림자를 드리웠다. 사실 성에 대한 논의는 매우 조심스럽다. 미셸 푸코가《성의 역사》를 낸 이후로 더욱 그렇다.

그러나 문화의 한 단면을 보여준다는 면에서 문화 연구에서 성을 도외시할 수도 없다. 또한 성만큼 아름답고 또한 참혹한 것이 달리 없다는 면에서도 성에 대한 논의는 지극히 매혹적이다. 또한 그것이 과거의 것이고 타자의 것이라면 좀 느슨한 눈길로 바라볼 수도 있을 것이다.

우리는 이미 수많은 연구를 통해 각 사회나 민족이 지니고 있던 성의 풍속이 생활 깊숙한 곳에 뿌리를 내리고 있음을 알고 있다. 그리고 언어, 신앙, 관습, 예술 등 문화 영역에서도 그 뿌리 깊은 내력을 찾아낼 수 있다.

이 책의 원저자인 프리드리히 S. 크라우스가 일본의 성풍속에 관심을 갖게 된 것은 20세기 초반이었다. 당시 서구는 수탈의 대상으로 바라보면서도 한편으로 호기심 가득한 눈으로 동양을 바라보던 때였다. 서양의 제국주의는 동양을 본격적으로 연구하게 되는데 그 가운데 하나가 성풍속이었다.

물론 크라우스는 민속학자였기 때문에 성에 대한 논의를 흥미나 호기심 차원을 뛰어넘어 문화의 차원에서 다루었다. 서양의 성풍속을 머릿속에 넣고 일본의 그것을 바라보며 서술하는 비교적인 방법과 인류학자처럼 일본 곳곳에 남아 있던 성풍속과 관련이 있는 유물과 유적을 찾아다니는 민속지적인 방법을 잘 활용해서 당시 일본의 성풍속을 알기 쉽고 생생하게 묘사했다.

이 책은 모두 11장으로 구성되어 있다. 또한 이 책은 크게 세 부분으로 나눌 수 있다. 먼저 고대 일본신화 속에 나타난 성과 관련이 있는 내용을 다룬 부분이다. 1장과 2장이 그렇다. 이 장들은 일본의 고대 신화집인 《고사기》와 《일본서기》에 실려 있는 내용을 중심으로 다루었다. 구체적으로 말하면 1장은 주로 성의 상징에 대해서, 2장은 여러 일화를 이야기 중심으로 다루었다. 일본 문화에서 성의 상상력을 엿볼 수 있는 부분이다.

두 번째 부분은 여성과 관련된 대목이다. 3장에서 8장까지가 그렇다. 일본인들이 생각하는 이상적인 여성의 아름다움, 역사 속에서 두드러진 여성들, 근대에 이르기까지 여성 지위의 변화와 그 추이, 월경에 대한 생각과 그 생각의 변화, 결혼의 형태와 결혼식의 풍경, 매춘에 대한 여러 생각들이 이 부분에 들어가 있다.

"사회의 내부적인 성질은 가족을 둘러싼 관례, 풍습, 권리 또는 신앙에 의해 규정된 부인의 지위에 다름 아니다", "남성은 역사를 만들고 부인은 그것을 체험한다"는 크라우스의 말에서 엿볼 수 있듯이 어떤 민족이나 사회의 풍습, 관습의 근본은 성에서 찾아볼 수 있고 그 성의 내부적인 성질을 주도하는 사람이 여성이기 때문에 여성에 대한 항목과 내용이 많아질 수밖에 없었다.

세 번째 부분은 성기 숭배에 대한 신앙을 다루고 있다. 9장부터 11장까지가 이 부분에 해당된다. 성과 성기에 대한 신앙 또는 숭배는 성기와 관련된 신앙과 주술적 성격, 그리고 식물이나 동물과 연관된 것으로 나뉜다. 구체적인 성기 숭배와 축제 등의 예를 통해서 막연할 수도 있는 성이란 관념을 사실적으로 드러내 보여준다.

그렇다고 세 부분이 서로 완전히 독립적인 것은 아니다. 성의 문화, 성풍속이라는 큰 틀 안에서 각 부분이 서로에게 깊이 의지하고 있기 때문이다. 각각의 장은 거대한 기계를 움직이는 톱니바퀴처럼 서로 맞물려 있다는 의미이다.

한편 시간의 범위를 살펴보면 이 책은 20세기 초반까지의 일본이 가졌던 성에 대한 상상력, 관습, 신앙 등을 다루고 있다. 일본의 성풍속을 다룬 책들이 적지 않지만 대부분 현대에 초점을 맞추고 있는 것과 달리 이 책은 그 이전까지 다루고 있다는 점도 하나의 특징이다. 현대 일본 사회가 지니고 있는 성의 문화가 어떻게 형성되고 흘러왔는지 그 추이를 살필 수 있다는 점에서 그렇다.

이 책의 원래 제목은《신앙, 관습, 풍습 및 관습법을 통해서 본 일본인의 성생활Das Geschlechlechleben in Glauben, Sitte, Brauch und Gewohnheitrecht der Japaner》1910년이다. 일본에서는《성풍속으로 본 일본의 역사性風俗の日本史》라는 제목으로 출간되었다.

그리고 밝혀둘 것 하나는 본문 내용에서 저자의 지나친 일본에 대한 미화나 직접 경험하지 못한 것에서 오는 오해 등을 편역자가 임의로 본문에서 삭제했다는 점이다. 원래 원고에서 절반 정도가 잘려나갔다. 그 원고에 크라우스가 의도한 생각이나 책의 얼개를 최대한 살리면서 필요하다고 생각되는 부분들을 보강하고 추가했다. 따라서 오류가 있다면 대부분의 책임은 편역자에게 있음을 밝혀둔다.

원저자인 프리드리히 S. 크라우스Friedlich. S. Krauss는 1859년 지금은 분리된 유고슬라비아에서 태어났다. 빈 대학에서 언어학과 민속학을 공부하고 불가리아, 루마니아의 농촌에 거주하며 민속학 연구를 계속했다. 주로 성과 관계된 풍속과 관습을 연구의 주제로 삼았다. 주요 저서로는《성에 관한 남슬라브의 민간 설화》,《남슬라브 족의 신앙과 종교적 관례》,《신사神事로서의 성행위》 등이 있다.

차례

제 1 장

일본 신화에 나타난 성(性)

최초의 성행위와 국토의 탄생

　신화는 한 민족이 지니고 있는 세계관과 가치관을 반영한 것이다. 그래서 신화는 그 민족의 문화를 구성하고 그 사회의 전통적 규범을 생성하는 데 그 바탕이 된다. 일본의 신화학자 오바야시 다료大林太良, 1929~2001의 설명에 따르면 신화에는 그것이 생겨난 문화나 사회, 그리고 그것이 전해지고 체계화된 문화와 사회의 각인이 확실하게 찍혀 있다고 한다.

　위의 전제를 바탕으로 이 글의 주제인 성을 매개로 신화를 바라보면 흥미로운 사실을 알게 된다. 태초의 시대를 설명하거나 기억하는 신화는 실제적인 성적 결합이나 은유적인 성적 원리를 이용한다. 이 세상에 태어나는 모든 것이 여기에서 자유로울 수 없기 때문이다. 일본 신화 역시 예외는 아니다. 일본 신화 속에 성의 이미지가 어떻게 작용하고 있는지를 살펴보자.

　많은 학자들은 고대 일본인의 신에 대한 관념이 영혼의 존재에 대한 믿음을 기초로 한 여성과 남성의 생산력에 대한 신앙에서 비롯되었다고 여긴다. 대개의 경우 영혼의 관념은 사람들이 흔히 경험하는 꿈이나 실신상태 등을 통해 생겨나고 그런 영혼 관념을 토대로 이를 지배하거나 창조한 신을 상정하게 된다. 고대 일본인의 경우도 이런 과정을 거쳐 벼농사를 짓게 된 야요이彌生 시대에 이르면 쌀의 정령과 태양, 물, 대지 등 벼의 수확과 연관이 있는 것들에 대한 신앙으로 확대되는 과정을 보여준다. 야요이 인들이 지녔던 신앙의 밑바닥에 생산력이 잠재되어 있음을 그들이 남긴 토기나 생활양식에서 엿볼 수 있다.

고분古墳 시대에 이르러 비로소 왕권이 출현하고 정치의식과 종교 의식이 결합하면서 정치의식이 이전의 종교 의식을 포섭하는 과정 중에 신화가 출현하게 된다. 이상은 일본 신화가 출현하게 된 간략한 과정으로 그 근원에 생산력, 특히 성적 생산력이 자리하고 있음은 이미 지적한 대로이다. 그렇다면 신화 속에서 성적 생산력이라고 불리는 것이 어떤 모습으로 형상화되고 어떻게 전개되는지 살펴보자.

신화는 한 민족의 세계관을 반영하고 있기 때문에 신화 속에는 국가의 성립과 그 과정이 소개되어 있다. 신화는 현대인들이 상식적으로 이해할 수 없는 신비적이고 더러는 우스꽝스러운 이야기를 통해 그 기원을 설명한다. 일본 신화의 경우도 그 범주를 벗어나지 않는다. 그렇지만 현대인의 눈에 불합리하거나 우스꽝스럽게 보이는 것이라도 당시 사람들에게는 지극히 합리적이고 진지했을 것이다. 그렇지 않았다면 신화라는 형식으로 우리에게 남아 있지 않을 것이다.

그렇다면 일본의 국토와 많은 신들의 출현은 어떻게 설명될까. 먼저 일본에서 가장 오래된 역사서로 신화가 많이 수록되어 있는 《고사기古事記》712년에 나오는 국토생성 신화를 살펴보자.

그런데 여러 하늘의 신들은 이자나기伊邪那岐와 이자나미伊邪那美 두 신에게 표류하고 있는 국토를 고정시켜 단단하게 만들라는 명령을 내렸다. 그리고 신들은 두 신에게 보석이 박힌 하늘의 창인 아메노누보코天沼矛를 주었다. 두 신은 신들의 명령을 수행하는 데 적합한 인물이라고 인정을 받았던 것이다. 그래서 두 신은 하늘에 떠 있는 다리天浮橋 위에 서서 신들이 명령한 대로 보석이 박힌 창을 아래로 내려 휘저었다. 그러자 바다에서 부글부글 소리가 나기 시작했다. 그 창 끝에서 떨어지는 바닷물이 쌓여 섬이 되었다. 이것이 오노코로淤能碁呂 섬이다.

이자나기와 이자나미는 하늘에서 섬으로 내려와 장엄한 하늘의 기둥과 8길1길=1.8미터이나 되는 높은 공간인 야히로八尋를 지었다. 그런 다음 이자나기는 이자나미에게 다음과 같이 물었다.

"당신의 몸은 어떻게 이루어져 있습니까?"

"내 몸은 모두 완성되었는데 만들어지지 않은 곳이 한 군데 있습니다."

이자나미가 대답했다. 그러자 이자나기가 말했다.

"내 몸은 완성되었는데 지나치게 만들어진 곳이 한 군데 있습니다. 당신의 불완전한 곳과 나의 지나친 곳을 끼워 국토를 만들고 싶은데 어떻게 생각합니까?"

"그게 좋겠군요. 하늘의 고귀한 기둥의 주위를 돌고 서로 만나 국토를 만드는 일을 하죠."

이자나미의 말을 듣고 이자나기가 말했다.

"당신은 오른쪽에서 돌아요. 나는 왼쪽에서 돌 테니까."

나무 아래에 서 있는 미인(樹下美人圖). 나라(奈良) 쇼소잉(政倉院)에 소장되어 있다.

그리고 이자나기는 왼쪽으로, 이자나미는 오른쪽으로 돌았다. 서로 마주치자 이자나미가 말했다.

"사랑스럽고 예쁜 여자구나."

"정말 훌륭한 남자구나."

이자나기는 이자나미의 말을 받았다. 그런데 이자나기가 못마땅한 표정으로 말했다.

"여자가 먼저 말을 하는 것은 좋지 않아."

그렇지만 생식을 위한 일을 계속했다. 그리고 거머리와 닮은 히루코라는 아이를 낳았다. 두 신은 이 아이를 갈대로 만든 배에 넣어 띄워 보냈다. 그 다음에 두 신은 '아와지마淡島'라는 섬을 낳았다. 이 아이 또한 자식의 수에 넣지 않았다.

이자나기와 이자나미는 처음에 거머리를 닮은 아이인 히루코를 낳자 당황했다. 그들은 어떻게 할 것인지에 대해 의논했다.

"지금 우리가 낳은 자식은 좋지 않다. 역시 하늘로 올라가 신들에게 여쭈는 것이 좋겠다."

그래서 이자나기와 이자나미는 하늘로 올라갔다. 천신은 점을 친 다음 말했다.

"여자가 먼저 말을 한 것이 좋지 않았다. 다시 내려가 새로 고쳐 말하라."

그래서 두 신은 다시 땅으로 내려와 처음에 했던 것처럼 기둥을 돌았다. 그리고 이번에는 이자나기가 먼저 말했다.

"사랑스럽고 예쁜 여자구나."

그 말을 듣고 이자나미가 말했다.

"정말 훌륭한 남자구나."

이 말을 마친 다음 그들은 성행위를 했다. 그렇게 해서 이번에는 제대로 된 자식들을 낳았다. 이들이 낳은 자식들은 일본 열도를 구성하고 있는 국토였다. 이자나기와 이자나미는 국토를 낳은 뒤 이번에는 국토를 다스릴 신을 낳았다. 이렇게 태어난 것이 14개의 섬과 35명의 신이다. 이자나미는 마지막으로 불의 신을 낳다가 음부에 불이 붙어 죽고 말았다.

이렇게 일본이라는 국토와 그곳을 다스리는 신은 이자나미와 이자나기의 성행위를 통해서 태어났다. 또 비슷한 시기에 쓰여진 다른 역사서인 《일본서기日本書紀》720년에 따르면 이자나기와 이자나미는 처음에 어떻게 성행위를 하는지 몰랐다. 그들이 우물쭈물하고 있을 때 할미새가 날아와 목과 꼬리를 흔드는 모습을 통해 신들에게 성행위하는 것을 알려주었다고 한다.

할미새는 성행위를 인간에게 처음으로 가르쳐 준 최초의 교사인 셈이다. 그래서 일본인들은 할미새를 성적 결합이나 생식과 관련지어 생각한다. 다른 민족의 신화 속에도 이와 유사하게 특정한 식물이나 동물의 힘을 빌어 사물의 이치를 깨닫는 이야기가 자주 등장한다.

 ## 신화 속의 성적 상징

위의 이야기를 잘 음미해보면 겉으로 드러난 성행위 외에도 수없이 많은 성적 상징이 숨어 있음을 알 수 있다. 가장 먼저 눈에 띄는 것은 하늘의 신들이 이자나기와 이자나미에게 준 아메노누보코라는 창이다.

일본의 국토창생 신화를 보면 이자나기와 이자나미는 파도치는 바다 속에 하늘의 신이 준 보석 창을 넣고 부글부글 소리가 나도록 휘저었다. 고사기에 따르면 아메노누보코는 '하늘로부터 받은 창'이라는 의미를 지니고 있다. 즉 아메天는 '하늘'을 가리키고 누沼는 '경瓊', 즉 구슬을 표현하는 말이다. 따라서 아메노누보코를 말 그대로 해석하면 '구슬로 장식한 창'이라는 뜻이다. 그래서《일본서기》에는 '天之瓊矛'로 표기되어 있다.

일본 에도시대의 국학자인 히라타 아츠타네平田篤胤, 1776~1843의 설명에 따르면 이 창은 남성 성기를 의미하고 보석은 귀두를 의미한다. 보석을 박은 창에 대한 히라타의 견해가 어떤 근거를 바탕으로 하고 있는지는 명확하지 않다. 그러나 히라타는 석기 시대에 만들어진 남성 성기의 형태를 한 다양한 막대기와 돌의 존재를 증거로 제시했다. 기념비적인 불멸의 증거인 셈이다.

일반적으로 고환이 구슬로 표현된다는 것을 생각하면 구슬 달린 창이 무엇을 의미하는지 충분히 연상할 수 있다. 또한 그 창을 바다에 넣고 휘젓자 부글부글 소리가 났다는 대목도 성행위를 암시하고 있다고 볼 수 있다. 이와 관련해서 독일의 경우 남성 성기를 창이라고 부른다는 것을 비교해서 생각해볼 수 있다. 창과 구슬이 상징하는 것은 이처럼 전세계적으로 통용되는 이미지이다.

두 번째 성적 상징은 오노코로라는 섬이다. 이 섬은 매우 작아서 폭보다 높이가 훨씬 더 높다. 이 섬은 아와지淡路 섬의 북동쪽에 있는데 2,30 그루의 나무밖에 자라지 않는다. 오노는 '저절로'라는 뜻이고 코로는 '응고된다'는 뜻이기 때문에 오노코로는 '저절로 응고된 섬'이라는 의미가 된다.

히라타는 오노코로 섬을 민족의 상상 속에 상징적인 형태를 지니고 있다는 면에서 남성 성기로 이해했다. 민족의 상상이라는 말은 오노코로가 《고사기》에 등장하는 신화에 나오기 때문에 사용한 말이다. 그리고 실제로 이 섬의 곳곳에 남녀 성기가 많이 산재해 있다. 신화적 상상력이 뛰어난 히라타는 《음양신석도陰陽神石圖》에서 다음과 같이 말했다.

미인도. 石川豊信

"그것은 오노코로 섬 등이다. ……그것은 그것만 서 있을 뿐 토대와 연결되어 있지 않다. 그것은 파도의 한가운데 있지만 결코 동요하지 않으며 격렬한 지진에도 움직이지 않는다. 섬 위에는 특징이 있는 돌이 많이 있다. 그 가운데에 남성 성기, 여성 성기와 비슷한 형태를 지니고 있는 것이 많다. 성기와 비슷한 돌에서는 이슬과 비슷한 액체가 흘러나온다. 바깥쪽은 광물로 만들어졌고 안쪽은 흙과 모래로 이루어져 있다."

히라타의 기록은 1812년의 것이기 때문에 위에 기록된 현상은 모두 인공이 가미되지 않은 자연 현상이다. 그렇다면 이 섬에 대해 잘 알고 있었던 《고사기》의 저자가 신화를 창조하는 과정에서 섬의 자연 현상을 잘 알고 있었으며, 신화적 상상력이 발휘되는 과정에서 적절히 활용했음을 추론해볼 수 있다. 따라서 섬은 《고사기》가 기록될 때보다 오래 전부터 존재했을 것이다.

그런데 이자나기와 이자나미는 천부교를 지나 내려왔다. 천부교는 하늘과 땅을 이어주는 말 그대로 가교 역할을 하고 있다. 남태평양의 신화를 살펴보면 무지개가 중요한 모티프로 등장하는데 여기서 무지개는 천상과 지상, 지상과 명계를 이어주는 중요한 역할을 맡고 있다. 하늘에 떠 있는 천부교 역시 하늘과 지상을 이어주는 매개물로 등장한다. 이런 생각을 음양사상이라는 프리즘에 대고 살펴보면 천부교는 음으로 대표되는 대지와 양으로 대표되는 하늘을 이어주는 것으로 해석할 수도 있다.

세 번째 성적 상징은 기둥이다. 기둥은 명백하게 남성 성기의 상징이다. 시적詩的 상상력을 발휘한다면 인공적인 남성 성기기둥와 여성 성기적인 섬을 통해 앞으로 있을 국토와 신의 잉태를 위한 성행위를 암시한다.

그런데 기둥을 도는 관습은 다른 민족에게서도 보듯이 성적인 결합에 앞서서 이루어지는 행위이다. 유럽의 풍습을 보면 영국 등에서 16세기까지 이런 일이 행해졌다고 한다. 결혼하기 전에 기둥 주위를 도는 것이다. 우리의 《삼국유사》에도 흥륜사에서 남녀가 탑돌이를 하는 장면이 나온다. 그리고 탑을 돌던 남자와 여자로 변한 호랑이가 인근에서 성적 관계를 맺는다. 이렇게 기둥이나 나무를 도는 것은 성행위 이전에 행해지는 의례와도 같은 것임을 알 수 있다.

네 번째 성적 상징은 야히로八尋라는 집이다. 야히로는 길이가 여덟 길이라는 의미이다. 《고사기》에 나오는 야히로라는 공간은 아마 성행위를 하기 위한 집이었을 것이다. 물론 성행위만이 목적은 아니었다. 결혼한 젊은 부부가 단지 성생활만을 목적으로 집을 사거나 얻는 것이 아닌 것과 마찬가지이다. 그러나 고대인들이 결혼을 생식의 한 단면으로 받아들였다는 점을 감안하면 집이 지닌 본질적인 의미 역시 명확해진다.

《고사기》에 따르면 야히로는 출산을 위한 집이다. 그런데 왜 하필이면 8일까. 일본인에게 8이 어떤 의미를 지니고 있는지를 살펴보면 그 해답을 얻을 수 있다. 8이라는 숫자는 일본인들 사이에서 완전히 둥근 숫자로 생각되거나 결합하고 있다는 의미로 사용되어 왔다. 또한 무한히 많다는 표현을 할 때도 8을 사용한다. 일본인은 8을 '성스러움'과 '많다'는 의미로 이해하고 있는 것이다. 따라서 야히로의 8은 성스럽고 큰 신들의 신혼집에 적합한 표현인 것이다. 이런 관점에서 본다면 8이 일본인의 머릿속에 무한히 많다는 의미로 이해되고 있다는 점에서 《고사기》의 저자는 풍요로운 종족 형성을 염두에 두고 있었을 것으로 추정할 수 있다.

다섯 번째로 볼 것은 히루코라는 거머리를 닮은 아이의 출산이다. 여자가 먼저 말을 했기 때문에 좋지 않았다는 신의 점괘에 따라 이자나기와 이자나미는 다시 기둥을 돈다. 이자나기가 먼저 말을 하고 성적 결합을 통해 제대로 된 아이를 낳는다. 이는 직접적인 성적 상징은 아니지만 남존여비의 사상이 그대로 담겨져 있다. 《일본서기》에는 거머리를 닮은 아이인 히루코가 3년이 지나도 일어나지 못하는 불구였다고 기록되어

버드나무 젓가락. 石井柏亭

있다. 정상적이지 않은 과정을 거쳤기 때문이다.

그런데 여기서 눈여겨볼 것은 이자나기와 이자나미가 남매 사이라는 것이다. 그들의 성적 교접은 근친상간에 해당되고 그래서 처음에 정상적인 아이를 낳지 못한 것이라고 해석하는 학자도 있다. 이런 주장은 현대인의 관점에서 나온 것이다. 가장 발전된 신화인 그리스 신화를 비롯해 다른 민족의 신화에도 근친결혼은 수없이 많이 존재한다. 그렇지 않고서 태초의 신들이나 사람들이 어떻게 가족을 이루고 사회와 민족을 이룰 수 있었겠는가.

일본은 신화시대를 지나서도 근친결혼에 대해 상당히 관대한 태도를 취해왔다. 실제로 과거 일본에서 남매 사이의 결혼이 절대적으로 금지된 것은 아니다. 고대 일본의 왕가를 살펴보면 이복형제 사이, 또는 백부와 조카며느리 사이에 결혼이나 근친상간이 적잖이 있었음을 알 수 있다. 그리고 사촌끼리의 결혼은 흔히 있는 일이었다.

일본 지도층은 근친결혼이 출산율을 저하시키고 기형아 출산의 확률을 높인다는 것을 알지 못했던 것일까? 또한 서양에서는 중죄에 해당되지만 일본에서는 근친상간을 저지르고도 정해져 있는 봉납품을 바치고 그 죄를 아뢰면 신에게 용서를 받을 수 있었다. 과거 일본에서 근친상간은 다른 민족이나 현대인이 생각하는 것보다 큰 죄가 아니었던 듯하다.

마지막으로 볼 것은 두 신의 이름이다. 이름에서 '이자伊邪'는 유혹하다는 뜻이다. 그리고 기岐와 미美는 각각 남자와 여자를 가리키는 미칭이다. 그렇다면 이자나기는 유혹하는 남자, 이자나미는 유혹하는 여자라는 말이 된다. 이자나기와 이자나미라는 신의 이름이 지닌 성적 상징은 매우 깊은 의미를 담고 있다. 그것은 이자나기와 이자나미의 결합이 우연적으로 발생한 것이 아니라 필연적으로 발생할 수밖에 없었음을 의미하기 때문이다. 필연성은 신화를 움직이는 동력이다. 다시 말해서 둘 사이에 일어난 일은 지극히 자연발생적인 사건이었겠지만 그 배후에는 강요된 재생산이 작용하고 있음을 의미한다.

 # 이자나기와 이자나미

그렇다면 이자나기와 이자나미는 일본신화에서 어떤 의미를 지니고 있을까. 이자나기와 이자나미는 일본 신화의 최고신인 아마테라스天照의 부모인 동시에 천신의 명을 받아 일본이라는 국토를 만든 신이다. 이들은 일본의 최고 역사서인 《고사기》와 《일본서기》에 모두 나온다.

그러나 이 신들을 모신 신사가 아와지淡路 섬을 중심으로 한 해안 지대에 한정되어 있고 궁중에서 섬기는 신에 포함되어 있지 않기 때문에 학자들은 이자나기와 이자나미가 원래 지방 신이었을 것으로 추측한다. 그 지방 호족의 세력 확장과 함께 신화에 편입된 것으로도 생각할 수 있다. 이와 같은 사례는 세계의 신화나 종교에서 얼마든지 찾아볼 수 있다. 싸움에서 승리한 부족이나 국가의 신이 신화나 종교의 중심에 자리 잡는 것은 어쩌면 당연한 일이기도 하다.

또한 다른 자연 종교와 마찬가지로 일본의 종교도 추상적인 성질의 인격화를 보여주지 않는다. 그렇다면 이자나기와 이자나미는 창조의 자연력을 구상화한 것으로 이 두 신은 후세의 신학자가 만들어낸 것으로 생각할 수 있다. 이런 이유로 영국의 언어학자이자 외교관이기도 했던 윌리엄 조지 어스톤은 이자나기와 이자나미가 원래부터 일본에 존재했던 것이 아니라 중국 철학의 음양 사상의 영향을 받은 것이라고 주장했다.

어스톤에 따르면 이자나기와 이자나미는 처음에 한 지방의 신, 즉 이세伊勢 지방의 나무 정령이었는데 나중에 특별히 그들을 숭배하는 사람의 권력이나 지위 때문에 일반 사람들에게도 인정을 받게 되었다는 것이다. 다시 말해서 지배적인 부족이 이자나기와 이자나미를 숭배했다는 뜻이다.

그런데 이자나기와 이자나미의 경우는 남녀의 성별이 분명한 데 비해 일본 종교의 신들은 대개 무성無性인 경우가 많다. 그들은 반양반음半陽半陰으로 혼자서 번식이 가능하거나 남성적인 것과 여성적인 것으로 분열하기도 한다.

여기에 대해서는 일본의 최고신인 아마테라스天照에게서 그 기원을 찾기도 한다. 아마테라스는 하늘에서 밝게 빛난다는 뜻으로 태양신日神, 일본서기을 의미한다. 그런데 아마테라스 신이 여신이냐 남신이냐에 대한 논란이 있었다. 아마테라스 신은 《고사기》나 《일본서기》에서 여신으로 등장하지만, 다른 민족의 태양신이 대개 남성 신이라는 사실과 연관해 아마테라스가 남신이라고 주장하는 학자들도 있었다.

그러나 어스톤에 따르면 서양의 종교에서 신은 남성이나 여성으로 명확하게 분리되어 있는 경우가 많다. 그러나 그것은 유럽의 언어 구조가 그렇게 이루어져 있기 때문에 그나 그녀로 나뉠 수밖에 없었던 것이다. 19세기 전후로 독일 낭만주의가 발흥하면서 신화 연구가 많이 이루어졌는데, 그 가운데 막스 뮐러1823~1900가 주장한 '언어질병설'이 이와 관련되어 있다. 그는 천체현상을 가리키는 신화는 모두 언어의 질병에서 유

래되었다고 주장했다. 예를 들어 '해가 새벽을 쫓는다' 라는 문장에서 해
는 남성이고 새벽은 여성인 탓에 '남신인 해가 새벽의 여신을 뒤쫓는다'
라고 변해 신화가 만들어졌다는 주장이다. 이 주장을 바탕으로 보면 태
양은 남신에 해당되지만 일본어에 성별이 없다는 것을 생각하면 설득력
을 잃는다.

　일본의 우주개벽설宇宙開闢說에 의하면 세계의 알에서 땅의 정령이 탄생
했는데 그것은 다음의 두 가지 특징을 가진 정령이었다. 즉 하나는 남성
적인 요소를 의미하고 다른 하나는 여성적인 요소를 의미한다.

　민속학적으로 볼 때 일본 신화와 비슷한 것은 인도 신화일 것이다. 인
도의 종교힌두교에 따르면 물비쉬누과 불시바은 가장 오래된 신의 원리라고
한다. 시바의 상징은 끝이 위로 향한 삼각형△으로 타오르는 불을 표상하
고 있다. 비쉬누의 상징은 역삼각형▽으로 아래로 흘러내리는 강을 나타
낸다. 그래서 창조의 행위는 △와▽를 합친 ✡다윗의 별모양으로 표상된다.
유대인에게 이 상징은 야훼의 표상이다.

　중국의 경우에서도 이와 유사한 것을 찾아볼 수 있다. 예를 들어 신석
기 시대의 도기를 보면 삼각형 모양이 많음을 볼 수 있다. 특히 역삼각형
▽은 여성의 성기를 상징하는 도형이다. 실제 ▽는 갑골문자에서 여성 성
기를 의미하며 후에 '제帝'라는 글자가 되었다. 이에 비해 남성 성기를 상
징하는 글자는 '차且'라는 글자이다. 학자에 따라 이를 바탕으로 씨족의
시초가 여성이라는, 원시사회가 모계사회였음을 주장하기도 한다. 민속
학에서 이와 비슷한 것은 미트라 교라고 하는 페르시아의 종교이다. 또
한 이집트의 타부에도 양성적兩性的인 것이 존재하고 있다.

　어쨌든 이자나기와 이자나미는 창조와 남녀 간 생식의 원리를 이해하

고 땅이 아직 황량해서 사람이 살지 못하는 원시 시대에 많은 신들에게 생명을 주었다. 그리고 그 신들은 각 지역으로 퍼져나갔고 이자나미가 낳은 땅 위에 식물과 곡물이 자라기 시작했으며 오늘날의 일본이 창조되었다. 일본이라는 국토는 이자나기와 이자나미의 성적 결합을 통해 성취되었다.

🌸 여신의 죽음

일본 신화에 등장하는 탁월한 신은 대개 여성이었다. 왜 그럴까. 이것은 단순히 보아 넘길 일이 아니다. 고대 일본에서 성의 주재자는 여성이었기 때문이다. 고대 일본의 결혼 제도가 남자가 여자 집을 찾아가는 처문혼妻問婚이었다는 사실도 이를 뒷받침한다. 이는 세계 각지에서 볼 수 있는 현상으로 노동력을 생산하는, 즉 아이를 낳는 주체를 여성으로 보았기 때문이다.

한 예로 《하리마풍토기播磨風土記》를 보면 미치누시히메의 이야기가 있다. 미치누시히메는 아버지도 모르는 아이를 낳았다. 그래서 2만평 정도의 논을 만들고 그곳에 벼를 심었다. 벼는 쑥쑥 자라 7일 만에 모두 익었다. 미치누시히메는 그것으로 술을 담아 신들을 모두 불러모았다. 그리고는 아이에게 아버지에게 술을 따르라고 말했다. 그러자 아이가 한 신에게 술을 따랐다. 이렇게 해서 아이의 아버지를 찾았다. 이 이야기는 당시의 혼인 형태가 처문혼이 일반적이었음을 알려준다.

어스톤의 학설에 따르면 신화의 창작자는 일반적으로 생각하는 것보다 훨씬 객관적인 근거를 지니고 있는 경우가 많다. 즉 당시의 사회상을 객관적으로 반영했다는 말이 된다. 어스톤은 고대 일본에서 미카도帝는 여성이었고 전쟁 지휘자가 여성이었던 경우가 매우 많았다고 말한다. 실제로 3세기경에 일본에 존재했던 야마타이국耶馬台國의 지배자는 히미코卑彌呼라는 여왕이었다. 또한 7세기에서 8세기까지 8대의 여자 천황이 있었다.

고대 일본의 가족 구성은 어머니를 중심으로 한 모계가 많았다. 《고사기》에 따르면 스이닌垂仁왕의 시대에 아이의 이름을 어머니가 붙이는 것이 관례였다는 사실도 이를 뒷받침한다.

위와 같은 사실에서 일본의 선사 시대에 모권이 있었다는 것이 증명된다. 그리고 신들은 이 시기에 태어났기 때문에 모계 사회가 여성 신을 섬겼고, 후에 부권 사회가 되고부터 압도적으로 남성 신을 섬기게 되었다고 추론할 수 있다. 《고사기》와 《일본서기》는 한 개인의 저술이 아닌 무수히 많은 사람들의 사상이 융합되어 정리된 전설의 기록이다. 특정한 사람에 의한 신화 제작은 불가능했을 것이다.

신들과 왕을 제멋대로 창작하는 것은 결코 사람들에게 영향을 미치지 못한다. 즉 일본인은 고대의 전승을 아주 자연스럽게 계승해온 것이다.

일본의 종교인 신도에서 제사를 담당하는 사람을 '신관神官'이라고 부르는데, 그들은 페르시아에서 거행되고 있는 주술사처럼 남자 복장보다 여자 복장을 하고 있다. 고대 소아시아에 있었던 프리기아 국의 태양신인 아티스의 예배에서도 승려는 여장을 했다. 어스톤은 일본의 전통 종교인 신도를 깊이 있게 연구한 사람 가운데 하나였다. 어스톤은 다음과 같이 역설했다.

"신도에는 조직된 승려_{신관}와 발달된 의례가 있기 때문에 결코 미개의 종교가 아니다. 고도로 발달한 금속 문화를 지니고 있으며 훌륭하게 조직된 국가에 미개 종교가 남아 있다고는 생각하기 어렵다."

또한 어스톤은 신도를 감사, 사랑, 유쾌한 종교라고 이름 붙였다. 악신惡神과 가장 가까운 폭풍우의 신조차도 좋은 개성을 지니고 있고, 병과 불행의 정령은 대개 어둡고 이름을 지니고 있지 않다. 그러나 이것은 일본인에 국한된 것이 아니다. 대부분의 민족은 그들의 신을 사랑하고 감사해하며 기쁘게 제사를 올린다. 그것은 대부분의 민족이 화합과 감사, 그리고 만족을 기대하고 있기 때문이다.

이와 반대로 끔찍한 이름을 가진 악령들은 나중에 창조된 것이 대부분이다. 그리고 그것은 나중에 도입된 종교의 교활함과 탐욕으로부터 생긴 존재라고 말할 수 있다. 예를 들어 불교의 승려 가운데 일부가 악령의 무서운 이미지를 이용해 악령을 두려워하는 사람들로부터 돈을 빼앗는 데 이용했던 것이다.

신도에서는 죽은 자의 영혼을 구원하는 기도는 하지 않는다. 자기가 죽어 저 세상으로 간 다음 영혼이 행복하기를 기원하는 기도도 하지 않는다. 이 점이 그리스도교나 불교와 다른 차이점이라고 말할 수 있다.

그리스에는 하데스라는 신이 있다. 하데스는 제우스를 비롯한 형제들과 함께 아버지를 왕좌에서 추방하고 세계를 분배할 때 지하 세계의 왕이 된 그리스 신화의 신으로, 하데스라는 신의 이름은 나중에 그가 지배하는 지하 세계를 가리키게 되었다. 일본에는 이와 매우 비슷한 존재로 황천黃泉이라는 세계가 있다. 죽은 뒤에 영혼이 가는 곳을 의미하는 것으로 일본인의 사고에 따르면 그곳에 인간이나 정령이 살고 있지 않다고 생각한다.

　어스톤에 의하면 이 황천은 원래 단순히 죽음을 의미하는 말에 지나지 않았다. 《고사기》에 황천에 대한 이야기가 나온다.

　　이자나기와 이자나미는 모두 14개의 섬과 35명의 신을 낳았다. 물론 이 숫자에는 거머리를 닮은 히루코와 아와지마는 포함되지 않는다. 이자나미는 마지막으로 불의 신인 히노카구츠치火之迦具土를 낳다가 음부가 타버리는 바람에 죽고 말았다. 아내가 죽자 화가 난 이자나기는 히노카구츠치의 목을 칼로 베고 말았다. 그 칼 끝에 묻은 피에서 생긴 신이 8명이고 살해된 불의 신에서 나온 신이 8명이다. 히노카구츠치를 죽인 이자나기는 죽은 아내를 만나기 위해 황천으로 갔다. 이자나기는 이자나미를 만나서 말했다.
　　"우리의 나라가 아직 완성되지 않았으니 다시 돌아가자."
　　"조금만 일찍 오셨으면 좋았을 것을. 저는 이미 황천의 음식을 먹고 말았어요. 하지만 사랑하는 남편이 오셨으니 황천의 신과 의논해 볼게요. 여기서 기다리세요. 그동안 내 모습을 보면 안 됩니다."
　　그러나 이자나기가 오랫동안 기다렸지만 이자나미는 돌아오지 않았다. 지루함을 느낀 이자나기는 머리에 꽂혀 있던 빗에 불을 붙여 안으로 들어갔다. 그는 이자나미의 몸을 보고 깜짝 놀랐다. 이자나미의 몸에는 시끄러운 소리를 내며 구더기가 들끓고 있었기 때문이다. 그것을 보고 이자나기는 두려워서 도망을 쳤다.
　　이에 치욕을 느낀 이자나미는 이자나기를 잡기 위해 8종의 뇌신雷神과 1,500명의 군사를 동원해 이자나기를 잡으려고 했다. 이자나기는 몇 번의 위기를 재치로 극복했다. 그러나 이자나미의 추격도 만만치 않았다. 이자나기가 마지막에 선택한 것은 복숭아 열매였다. 이자나기가 열매를 세 개 던지자 황천의 군사들은 혼비백산해서 도망쳤다. 그러자 이번에는 이자나미가 직접 그를 잡기 위해 쫓아왔다. 이자나기는 천 명이 당겨야 움직인다는 천인석千引石으로 길을 막았다. 천인석으로 길을 막고부터 이승과 황천은 서로 분리되었다.

그들은 벽을 사이에 두고 마주했다.

"이러한 짓을 하면 당신 나라 사람을 하루에 천 명씩 죽이겠어요."

이자나미가 위협했다. 그러나 이자나기도 지지 않았다.

"그렇다면 나는 하루에 천오백 개의 산실을 짓겠다."

이런 이유로 하루에 천 명이 죽고 천오백 명이 태어나게 되었다.

위의 이야기에 일본인의 죽음관이 담겨 있다. 서양인이 생각하는 것처럼 죽음은 인간에게 내려진 형벌이 아니라 인간이 자연스럽게 받아들여야 하는 삶의 또 다른 면이라는 생각을 엿볼 수 있다.

사실 일본인은 지옥의 벌이 없는 대신 천상의 기쁨도 생각하지 않았다. 다시 말해서 지옥을 몰랐다는 말이 된다. 또는 서양인이 생각하는 지옥이 없었다고도 말할 수 있다. 그렇다고 일본인이 현재의 기쁨만을 추구하며 이성이 없는 동물처럼 행동한 것은 아니었다. 오히려 일본인들은 태초에 지니고 있던 영혼에 대한 숭배를 잊지 않고 자연과 신과 더불어 유연한 삶을 향유했다고 말할 수 있다.

그것은 일본의 최고신인 아마테라스의 출생을 보아도 알 수 있다. 아마테라스는 이자나기가 황천에 다녀온 다음에 태어난다. 이자나기는 부정한 나라에 다녀왔다는 생각으로 몸을 씻는다. 이 과정에서 10명의 신이 태어나고 다음에 왼쪽 눈을 씻자 태어난 것이 아마테라스 신이다. 아마테라스가 태어나자 이자나기는 그에게 목에 걸고 있던 구슬을 주면서 천상계를 다스리라고 말한다.

이 신화에서 죽음은 삶과 함께 순환하고 있음을 알 수 있다. 아마테라스의 탄생은 이자나미의 죽음에서 비롯되기 때문이다. 이와 유사한 신화로 그리스의 페르세포네를 생각해볼 수 있다. 페르세포네는 삼촌이자 명계의 신인 하데스에게 납치를 당해 이자나미처럼 석류 몇 알을 삼킨 탓에 지상으로 돌아오지 못하게 된다. 다만 제우스의 중재로 꽃이 피는 봄이 되면 지상으로 돌아왔다가 낙엽이 지기 시작하면 하데스의 곁으로 돌아가게 된다. 이 역시 삶과 죽음의 순환이라는 테마로 이해된다. 초목은 꽃을 피우다가 열매를 맺고 가을이 되면 죽음을 맞이한다. 그리고 다시 봄이 되면 페르세포네와 함께 되살아난다. 이렇듯 삶과 죽음은 되풀이된다. 그래서 라일락이 피는 사월은 잔인하다. 그 질긴 생명력 때문에.

그런데 일본 신화에서는 삶을 위해 이자나미의 경우처럼 죽음을 필요로 한다. 바로 살해되는 여신들이 그렇다.

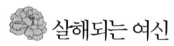 살해되는 여신

《고사기》에 따르면, 아마테라스의 동생이며 성질이 난폭한 신인 스사

노오須佐之男가 음식물을 관장하는 여신인 오호케츠히메大氣都比賣에게 음식을 달라고 했다. 그러자 여신은 코와 입, 엉덩이에서 여러 가지 맛있는 음식을 꺼내어 요리를 해서 스사노오에게 주었다. 그런데 그 과정을 지켜본 스사노오는 음식을 더럽혔다고 생각하고 여신을 죽이고 말았다. 그런데 살해당한 오호케츠히메 여신의 머리에서 누에가 생겼다. 그리고 두 눈에서는 볍씨가, 귀에서는 조, 코에서는 팥, 음부에서는 보리가 생겼고 엉덩이에서는 콩이 나왔다. 이것이 일본 신화에서 볼 수 있는 곡식의 기원이다.

그런데 이 신화는 고고학의 발굴과 연관해서 많은 것을 시사해준다. 특히 눈여겨볼 것은 죠몬繩文 시대의 토우土偶이다. 토우는 토기와 마찬가지로 흙으로 빚어 구운 것이다. 다만 토기와 다른 것은 토기가 물건을 담는 용기인 데 비해 토우는 사람의 모양을 하고 있다는 점이다. 그런데 토우의 생김새를 잘 보면 그것이 여자를 형상화한 것임을 쉽게 알 수 있다. 툭 튀어나온 젖가슴과 풍만한 허리, 게다가 더러는 임신한 모양을 한 것도 있기 때문이다. 심지어는 배 속에 공간을 만들고 그 속에 작은 토우를 넣어둔 것도 있다. 이들 토우의 공통적인 특징은 아이를 낳고 키우는 여성이다.

그런데 이상한 것은 만들어진 당시의 본래 모습으로 남아 있는 토우가 거의 없다는 사실이다. 대개는 몸통 따로 팔 다리 따로 발견되었다. 이런 사실에 대해 히라노 진케平野仁啓를 비롯한 학자들은 죠몬 인의 관념과 고사기의 곡식 기원 신화를 연관해서 생각한다. 오호케츠히메 여신의 몸에서 각각 오곡이 기원했다는 생각과 여성을 형상화한 토우가 여러 조각으로 나뉘어져 묻혔다는 사실을 연관시키려고 하는 것이다.

그런데 토우가 일본뿐만 아니라 세계 각지에서 발견되고 있고 모두 여성의 형상을 지니고 있을 뿐 아니라 여성의 생산력을 상징하는 모습을 하고 있다. 여기에 제임스 프레이저의 《황금가지》에서 왕들이 살해되는 것은 생산력의 약화를 방지하고 생산력을 강화하기 위한 주술적 관념이 내재되어 있다고 밝힌 사실을 생각한다면 오호케츠히메 여신이 살해되는 것이나 토우가 몇 조각으로 나뉘어^{살해되어} 묻힌 것은 프레이저의 생각대로 생산력 강화를 위한 주술이 작용했던 것은 아닐까. 왜냐하면 죠몬인을 비롯한 고대인들의 사고를 지배한 것은 주술이었기 때문이다. 이러한 죠몬 인의 생각은 야요이, 고분 시대를 거치면서 신화의 형식으로 정리되었다.

제 2 장

《고사기》와 《일본서기》속의 성 이야기

《고사기》와 《일본서기》

　《고사기古事記》는 말 그대로 옛날에 일어난 일을 기록한 역사서이다. 《고사기》는 《일본서기日本書紀》보다 약 8년 전에 편찬된 일본에 현존하는 가장 오래된 역사 문헌이다. 앞부분은 신들의 이야기를 담은 신화시대를 다루고 있고 나머지는 천황을 중심으로 인간들의 이야기를 다루고 있다. 한편 《일본서기》는 나라奈良 시대에 관에 의해 편찬된 정사正史 역사서이다. 680년부터 720년까지 약 40여년에 걸쳐 편찬되었으며 편년체로 한문으로 기술되어 있다.

　《고사기》와 《일본서기》에는 한반도와 연관된 내용이 많이 나오는데 학자들은 당시 정황으로 볼 때 왜곡된 부분이 많다고 본다. 그래서 심하게는 사서史書가 아니라 사서詐書라고 말하기까지 한다. 일본의 학자들도 《고사기》와 《일본서기》에 나와 있는 내용을 그대로 받아들이지는 않는다. 일본 학자 가운데 일부는 《고사기》와 《일본서기》가 한반도에서 일본으로 도래한 사람들의 역사를 기술한 것이라고 주장하기도 한다. 실제로

5~6세기까지 일본에서 한자를 쓰고 읽을 줄 아는 사람은 백제에서 건너 간 사람들뿐이기 때문이다. 여하튼 여기서는 두 책에 나와 있는 성과 연관된 이야기를 살펴본다.

 ## 나체로 춤을 추는 아메노우즈메

아마테라스는 일본 신화의 주신主神이다. 그에게는 스사노오須佐之男라는 매우 성격이 난폭한 남동생이 있었다. 여러 차례 스사노오가 눈에 거슬리는 행동을 했지만 아마테라스는 동생의 허물을 덮고 감싸려고 노력했다.

"똥과 같이 보이는 그것은 스사노오가 술에 취해 토해 놓은 것이겠지. 그리고 개천을 메우고 논두렁을 부순 것도 스사노오의 짓이겠지."

그런데 스사노오가 결국 일을 저지르고 말았다. 아마테라스가 이미하타야忌服屋에 들어가 여자에게 신에게 바칠 옷을 짜게 하고 있을 때 스사노오가 그 건물의 용마루에 올라가 구멍을 내고 그 사이로 얼룩말의 거죽을 떨어뜨렸다. 베를 짜던 여자가 이를 보고 놀라는 바람에 베틀의 북에 음부를 찔리고 말았다. 물론 베를 짜는 여자는 죽고 말았다.

아마테라스는 분노를 느끼는 한편으로 두려움을 느꼈다. 그래서 아마테라스는 석굴의 문을 열고 들어가 그 속에 숨었다. 태양의 신인 아마테라스가 모습을 감추자 천상계는 어두워졌고 땅 위에도 암흑이 찾아왔다. 세상에는 끊임없는 밤만 이어졌다. 짙은 어둠은 온갖 재앙을 낳았다.

춤을 추는 여자.

위기를 느낀 신들은 한자리에 모여 아마테라스를 다시 끌어낼 대책에 대해 상의했다. 지혜가 뛰어난 오모히카네思金 신이 묘안을 내놓았다. 먼저 장닭을 모아 울게 만들고 강에서 단단한 돌을 주어 거울을 만들었으며 오백 개가량의 구슬을 꿴 장식물을 만들게 했다. 그리고 제의 준비를 한 다음 점을 쳤다. 점괘에 따라 준비를 하고 팔의 힘이 강한 아메노타지카라오天手力男 신은 석실 옆에 숨었다. 또한 아메노우즈메天宇受賣는 머리에 넝쿨 나무를 꽂고, 대나무 잎을 손에 쥐었다. 그리고 통을 뒤집어 놓고 그 위에서 발을 세차게 구르면서 춤을 추기 시작했다.

그녀는 춤을 추면서 스트립 댄서처럼 젖가슴을 드러냈고 치마의 끈을 음부에다 늘어뜨려 놓았다. 그 모습을 보고 있는 신들은 하늘이 떠나갈 정도로 크게 웃음을 터뜨렸다.

한편 아마테라스는 밖에서 나는 시끄러운 소리를 듣고 궁금증이 일었다.

"밖은 암흑일 텐데 왜 저렇게 시끄러운 걸까."

호기심을 견디지 못한 아마테라스는 문을 조금 열고 밖을 보았다. 그 모습을 보고 춤을 추던 아메노우즈메가 말했다.

"당신보다 더 존귀한 신이 있기 때문에 우리는 즐겁게 웃으면서 놀고 있어요."

아메노우즈메는 미리 준비한 거울을 아마테라스 앞에 내놓았다. 거울에 비친 것이 자기라는 것을 모르는 아마테라스는 점점 강한 호기심에 사로잡혔다. 그래서 석실 문을 조금 더 열었다. 그때 아메노타지카라오가 강한 힘으로 아마테라스를 밖으로 끌어냈다. 그러자 세상은 저절로 밝아졌다. 이렇게 해서 세상은 다시 빛을 되찾았다.

아메노우즈메가 젖가슴과 음부를 드러내고 춤을 추는 것은 두 가지 의미로 해석할 수 있다. 하나는 풍요에 대한 기원이다. 식물의 생육과 성이 밀착된 관계는 세계 곳곳에서 발견할 수 있는 현상이다. 여기서는 식물의 생육에 절대적으로 필요한 태양을 다시 끄집어내려는 의도가 내재되어 있다.

예를 들어 우크라이나에서는 밭에 싹이 돋기 시작하면 젊은 부부가 씨를 뿌린 밭 위에서 몇 번이고 뒹군다. 이렇게 하면 곡식이 잘 자라고 추수를 많이 할 수 있다고 믿기 때문이다. 또한 중앙아프리카의 피필 족은 땅에 씨를 뿌리기 전 한동안 아내를 멀리하다가 씨 뿌리는 전날 밤에 있는 힘을 다해 성관계를 한다. 이 역시 식물이 열매를 맺는 것과 인간이 자손을 퍼뜨리는 것을 동일시하고 식물의 생육에 인간이 개입한 사례이다.

또 하나의 의미는 주술적인 측면이다. 암흑이라는 재앙을 물리치고 밝은 태양을 끄집어내는 주술적 행위로 이해할 수 있다. 그리고 거울은 신화나 동화에서 자기를 찾아가는 과정에서 자주 등장하는 도구이다.

그런데 우리는 《고사기》에서 아메노우즈메가 가슴을 드러내고 치마끈을 푸는 모습을 다시 볼 수 있다.

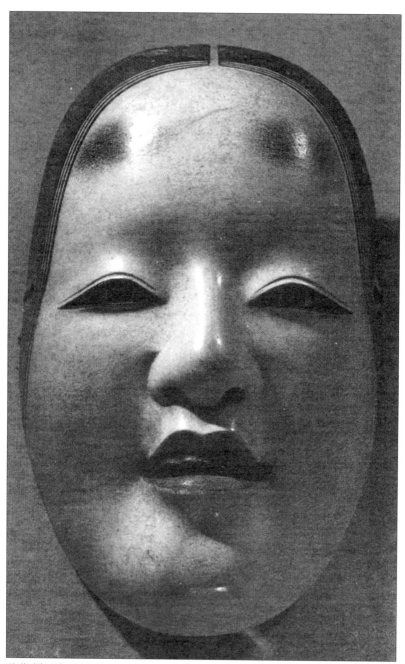

만비(万媚). 젊은 여자의 얼굴로 농염함이 강조된 가면.

아마테라스의 자손인 니니기邇邇藝가 아마테라스의 명을 받고 나라를 다스리기 위해 하늘에서 내려오고 있었다. 그때 갈림길에 사루타히코猿田毗古라는 신이 서서 가로막고 있는 것이 보였다. 그 신은 코가 7척에 이르고 등 역시 7척이며, 눈은 빨간 꽈리처럼 빛을 내고 있었다.

니니기는 아메노우즈메에게 "당신은 비록 연약한 여자이지만 다른 신과 능히 맞설 수 있다"라고 말하며 그를 갈림길에 버티고 서 있는 신의 정체를 알아보기 위해 보냈다. 아메노우즈메와 그 일행을 본 사루타히코는 눈을 부라리며 아메노우즈와 그 일행이 지나가지 못하게 방해했다. 당장이라도 싸움을 걸어올 것처럼 보였다. 그때 아메노우즈메가 사루타히코를 향해 유방을 드러내고 치마끈을 배꼽 밑으로 내리며 웃었다.

"너는 왜 그런 모양을 해 보이느냐?"

"너는 아마테라스 신의 자손이 지나가는 길을 왜 막고 있는 거냐?"

"나는 하늘에서 신이 내려온다고 해서 기다리고 있는 중이다."

아메노우즈메는 상황을 설명하고 사루타히코에게 말했다.

"그럼 네가 앞장을 서라."

사루타히코는 선두에 서서 일행을 안내했다.

아메노우즈메가 젖가슴을 드러내고 치마끈을 푼 것은 상대에게 적의가 없음을 보여주고 자연스러운 대화를 유도하기 위한 방편이다. 자칫 오해를 할 수 있는 상황을 성을 매개로 해서 자연스럽게 풀어낸 것이다. 아메노우즈메는 훗날 도소신道祖神으로 의인화되었다. 도소신은 십자로에 세워진 돌기둥이다. 즉 악령으로부터 나그네를 보호하는 신이다.

도소신의 또 다른 역할은 외부로부터 침투하는 사악한 힘이나 역병을 막아주는 일이었다. 이와 비슷한 풍습은 고대 그리스를 비롯한 세계 각지에 존재했다. 그리스 인들은 촌락의 경계나 도로에 돌로 만든 남근신을 세워 바깥세상으로 여행하는 촌락민의 안전을 기원했다. 또 그것은 여행에서 돌아오는 사람에게 집에 돌아왔다는 안도감을 주고 촌락^{내부세계}으로 유입해서는 안 되는 외부 세계의 나쁜 힘을 몰아내는 데 이용되었다. 한국의 경우는 장승이 그 역할을 맡았다.

한편으로 아메노우즈메는 오카메로 변형되어 대중 속으로 파고들었다. 오카메는 둥근 얼굴에 광대뼈가 불거지고 코가 납작한 여자 탈로 추녀의 대표적인 얼굴이다. 나긋나긋하고 정열적인 아메노우즈메가 어떻게 오카메로 변형되었는지는 쉽게 짐작하기가 어렵다.

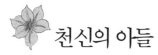

천신의 아들

한편 니니기는 하늘에서 내려와 나라를 다스리다가 한 여자를 보고 열정에 사로잡혔다.

"너는 누구의 딸이냐?"

"저는 오호야마츠미^{大山津見} 신의 딸로 코노하나노사쿠야비메^{木花之佐久夜毗賣}라고 합니다."

"너에게 형제가 있느냐?"

"이와나가히메石長比賣라고 부르는 언니가 하나 있습니다."

"나는 너와 결혼하고 싶은데, 너는 어떻게 생각하느냐?"

"그것은 아버지가 대답하실 것입니다."

그래서 니니기는 오호야마츠미에게 사람을 보내서 자기의 의사를 전했다. 오호야마츠미는 매우 기뻐하며 많은 패물과 함께 언니인 이와나가히메까지 보냈다. 그런데 니니기가 보기에 이와나가히메는 너무 추하게 생겼기 때문에 그대로 집으로 돌려보냈다. 그리고 코노하나노사쿠야비메와 함께 하룻밤을 함께 보냈다. 그런데 오호야마츠미는 니니기가 자기 딸을 돌려보낸 것을 보고 치욕감을 느꼈다. 그는 니니기에게 말했다.

"내가 두 딸을 함께 보낸 것은 각각 의미가 있습니다. 이름에서 보듯 이와나가히메를 보낸 것은 비가 오고 바람이 불어도 언제나 굳건하게 서 있는 바위처럼 천신의 자손들이 오래 살 수 있게 함이고, 코노하나노사쿠야비메를 보낸 것은 나무에 꽃이 활짝 피어나듯이 번영을 이루도록 함이었는데 천손께서 이와나가히메를 물리치셨기 때문에 앞으로 태어날 천신의 후손들은 나무에 피는 꽃처럼 오래 가지 않을 것입니다."

그로부터 얼마의 시간이 지나고 코노하나노사쿠야비메가 니니기를 찾아와 말했다.

"이제 아이를 낳을 때가 되었습니다. 천신의 자식을 몰래 낳을 수 없어서 이렇게 말씀 드리는 것입니다."

니니기는 놀란 듯한 표정으로 물었다.

"우리가 정을 통한 것은 하룻밤인데 어떻게 아이를 뺄 수 있단 말이냐. 아마도 네가 다른 이 지역의 신과 정을 통해 아이를 배었을 것이다. 따라서 그 아이는 내 아이가 아니다."

상반신을 벗고 있는 여자. 喜多川歌麿(1753~1806)

"만약 이 아이가 천신의 아이가 아니라면 무사하지 못할 것이고 천신의 자손이라면 무사할 것입니다."

코노하니노사쿠야비메는 이렇게 말하고 문이 없는 산실을 짓고 그 속으로 들어가 흙으로 막았다. 그리고 아이를 낳을 때 산실에 불을 질렀다. 그녀는 불이 활활 타오르는 산실에서 무사히 아이를 낳았다. 이렇게 해서 호데리火照를 비롯한 세 신을 낳았다. 모두 천신의 아들이었던 것이다.

이와 유사한 유형의 이야기가 《일본서기》에도 나온다.

유라쿠雄略 천황이 나라奈良로 행궁 했을 때의 일이다. 유라쿠는 호족의 딸인 오미나기미童女君와 하룻밤을 함께 보냈다. 그리고 오미나기미는 열 달 후에 딸을 낳았다. 그런데 유라쿠는 다른 남자와 관계해서 낳은 것이지 자기 딸이 아니라고 부정하며 받아들이지 않았다.

몇 년이 지난 어느 날 유라쿠가 있는 대전의 뜰 앞을 어떤 소녀가 지나갔다. 옆에 있던 신하가 천황에게 물었다.

"예쁜 아이군요. 누구의 자식입니까?"

"왜 그런 것을 묻는 거야."

"저 아이의 걸음걸이와 생김새가 천황과 너무 닮아서 그렇습니다."

"저 아이를 본 사람마다 같은 말을 하는군. 그런데 하룻밤을 같이 지냈을 뿐인데 임신했다는 것은 좀 이상하지 않아. 그래서 믿기 어려워."

"그럼 그날 밤 몇 번이나 방사를 하셨나요?"

"일곱 번."

"오미나기미는 아마 맑은 마음으로 하룻밤 천황을 섬겼을 터인데 어째서 의심을 하시는지요. 제가 듣기로, 임신하기 쉬운 여자는 남자의 바지가 몸에 스치기만 해도 임신을 한다고 합니다. 그런데 천황께서는 하룻밤을 같이 보내셨습니다. 따라서 의심해서는 안 될 것입니다."

이를 듣고 유라쿠는 신하들에게 명을 내려 여자아이를 자식으로 받아들이고 오미나기미를 황궁으로 맞아들여 비로 삼았다.

 ## 야치호코의 사랑 노래

야치호코八千矛라는 신은 코시노쿠니高知國에 사는 누나카와히메沼河比賣를 사랑해서 그녀의 집에 찾아가 노래를 지어 불렀다.

야치호코의 신께서

그 나라에서 아내를 얻기 어려워

멀고 먼 코시노쿠니에

영리하고 똑똑한 여인이 있다는 것을 들으시고,

어여쁜 여인이 있다는 것을 들으시고

구혼하러 몇 번이나 가시어

구혼하러 끊임없이 다니시어

큰 칼 차는 혁대도 아직껏 풀지 않고

오수히麩라는 옷도 아직껏 벗지 않고

여인이 잠들어 있는 집 문을

흔들며 서 있었을 때

그 문을 힘껏 잡아당기며 서 있었을 때

녹음이 우거진 푸른 산에서 벌써

누에라는 새가 우는구나!

들녘에 있는 새, 꿩은 소리 높여 울고

집에서 기르는 새, 닭도 우는구나!

원망스럽게 시끄럽게 우는 새들아!

이 새들을 때려서라도 울음을 멈추게 해다오.

아마하세즈카이海人馳使여!

이 말을 전해다오.

이 말을 들은 누나카와히메는 문을 열지 않고 방 안에서 노래를 지어
불렀다.

야치호코 신이여!

저는 연약한 풀과 같은 여인입니다.

저의 마음은 물가의 새와 같아요.

지금은 마음대로 할 수 있는 나의 새지만,

나중에는 당신의 새가 될 것입니다.

새들은 죽이지 마세요.

아마하세즈카이여

이 말을 전해주세요.

푸르른 산에 해가 지면,

밤에는 꼭 오실 것을

이른 아침 떠오르는 해님처럼, 활짝 웃으면서 오시어,

닥나무처럼 희고 흰 나의 팔을

가랑눈처럼 싱싱한 나의 젖가슴을

꼭 껴안고 사랑하시어

구슬처럼 아름다운 나의 손을 베개로 삼아

두 다리를 펴고 잠드시게 될 터이니

너무 애타게 사랑을 구하시지 마세요.

야치호코 신이여

이 말을 전합니다.

이렇게 해서 그날 밤은 서로 만나지 않고 다음 날 밤에 만났다. 그런데 그 신의 본처인 스세리비메須勢理毗賣는 매우 질투심이 강한 신이었다. 그로 말미암아 야치호코 신은 매우 당황하여, 이즈모에서 야마토노쿠니로 떠날 준비를 끝내고 떠날 때 한쪽 손은 말의 안장에 걸치고 또 한쪽 발은 말의 등자에 올려놓고 노래를 지어 불렀다.

새까만 의복을

말끔히 차려입고서

물새처럼 가슴을 보니

소매를 올려다보고 또 내려다보니

도무지 어울리지 않는구나.

해안의 파도처럼 뒤로 그 옷을 벗어던지고

물총새처럼 푸른 빛깔의 옷을

말끔히 차려입고서

물새처럼 가슴을 보니

소매를 올려다보고 또 내려다보니

이것 또한 어울리지 않는구나.

해안의 파도처럼 뒤로 그 옷을 벗어던지고,

산에 있는 밭에다 뿌리는 여뀌를 절구에 찧어

만든 물감으로 빨갛게 물들인 옷을 말끔히 차려입고서,

물새처럼 가슴을 보니

소매를 올려다보고 또 내려다보니, 이것이야말로 어울리는구나.

사랑스러운 나의 아내여!

무리를 지은 새처럼 내가 가버린다면,

마지못해 따라가는 새처럼 내가 떠나버린다면,

절대로 울지 않는다고 당신은 말하고 있지만

산기슭에 서 있는 한 그루의 참억새풀처럼,

비가 오는 밤길을 걷는 미인. 鈴木春信

고개를 떨어뜨리고 울고 있으리라.

내뿜는 탄식은 아침에 피어오르는 비안개가 되리라.

어린 풀처럼 연약한 나의 아내여!

이와 같은 말을 전하오.

그러자 스세리비메는 커다랗게 생긴 술잔을 들고 남편에게 다가가 잔을 바치며 노래를 불렀다.

야치호코의 신이여! 나의 오호쿠니누시여!

당신은 남자이기에

가시는 섬마다

가시는 해안마다, 어디에서나

젊고 귀여운 아내를 가질 수 있지만,

저는 여자이기 때문에

당신 이외의 남자는 없으며

당신 이외의 남편은 없습니다.

드리워진 장막이 한들한들 흔들리는 아래에서

부드러운 비단 이불 아래에서

스삭스삭 소리를 내는 닥나무로 짠 이불 아래에서

가랑눈처럼 희고 젊은 나의 젖가슴을,

닥나무로 짠 베처럼 희고 흰 나의 팔을

꼭 껴안고 사랑하시어

구슬처럼 예쁜 나의 팔을 베개로 삼고,

두 다리를 쭉 펴고 편안히 쉬세요!

그리고 가득 부은 이 술을 드소서.

이처럼 노래를 부르고 술잔을 주고받으며 부부관계를 맺었다.

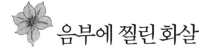 음부에 찔린 화살

신무 천황은 이미 결혼을 해서 아이가 둘이나 있었지만 정식 왕후는 아직 없었다. 그때 오쿠메大久米가 한 여자를 추천했다.

"여기에 좋은 처녀가 있습니다. 그 처녀는 신의 자식이라고 합니다. 그 연유는 이렇지요. 미와의 오호모노大物 신이 세야다타라히메를 보고 한눈에 반했습니다. 그래서 그녀가 개울가에서 용변을 보고 있을 때 화살로 변해 물을 타고 흐르다가 세야다타라히메의 음부를 찔렀습니다. 그녀는 깜짝 놀라 벌떡 일어났겠지요. 그리고 몸을 떨며 화살을 빼내어 집으로 가져가 마루에 놓았더니 멋진 남자로 변했습니다. 그래서 둘은 결혼을 했고 그들 사이에 태어난 처녀가 이스케요리히메입니다. 그래서 모두들 신의 자식이라고 하지요."

천황의 명을 받은 오쿠메가 이스케요리히메에게 청혼 의사를 전달했고 그녀는 응락했다. 천황과 이스케요리히메는 강가에 있는 그녀의 집에서 하룻밤을 같이 보냈다.

갈대밭에 있는 작고 초라한 방에서

왕골로 짠 깨끗한 자리를 깔고

우리 두 사람은 함께 밤을 보냈다.

이는 이스케요리히메가 궁중으로 들어갔을 때 천황이 읊은 노래이다.

일본 신화와 전설을 보면 음부에 무엇인가 찔리는 이야기가 종종 나온다. 아마테라스가 동굴에 숨게 된 것은 스사노오가 베 짜는 여자를 놀라게 만들어 베틀의 북이 음부를 찔러 죽이게 한 사건 때문이라는 것은 앞에서 보았다. 또한 《일본서기》에 나오는 미와산 저묘箸墓 전설을 보면 여자가 밤마다 찾아오는 사내의 정체가 뱀이라는 것을 알고 놀라서 쓰러지며 바닥에 있던 젓가락에 음부를 찔려 죽는 이야기가 나온다.

많은 학자들은 이렇게 공통적으로 음부에 북이나 화살, 젓가락이 찔리는 것은 성행위를 상징하는 것으로 이해하고 있다. 북과 화살, 젓가락은 남성 성기를 의미하는 것으로 보기 때문이다. 그렇다면 왜 이런 신화나 전설이 생기게 되었을까 의문을 품지 않을 수 없다. 그것은 성을 생명의 근원으로 생각한 고대 일본인의 생각이 잠재되어 있기 때문일 것이다. 그렇기 때문에 성기에 상처를 입으면 죽음을 당하게 된다.

그러나 때때로 성은 금기의 영역이기도 했다. 특히 불교가 유입되면서 성에 대한 터부가 강하게 자리 잡게 된다. 제례에 참가하는 사람이 일정 기간 성생활을 삼가는 일이 생긴 것도 이런 영향이다. 또한 보다 본질적인 성의 금기가 있었는데 대표적인 것이 근친상간이다. 근친상간의 예를 하나 살펴보자.

태자의 근친상간

인교允恭 천황 때의 일이다. 춘삼월 꽃피는 시절에 기나시노가루노미고木梨輕皇子가 태자가 되었다. 그는 용모가 매우 아름다워 보는 사람마다 그에게 끌리지 않는 사람이 없었다. 그런데 그에게는 같은 어머니에게서 태어난 누이가 있었다. 그녀의 이름은 가루노오오이라쓰메노히메미고輕大娘皇女로 오빠 못지않게 예쁘고 아름다웠다.

"조릿대 잎이 싸락눈 소리를 내네. 그처럼 꼭 껴안고 함께 잘 수 있다면……."

그는 누이에게 마음이 끌려 항시 그녀를 원했지만 죄가 될까 침묵하고 있었다. 그러나 억누를수록 차오르는 것이 사랑이고 애욕이다. 아무것도 다른 생각을 할 수 없게 된 그는 죽을 것을 각오했다. 그러나 이내 생각을 고쳐먹고 죽을 각오를 했다면 무엇을 못하겠는가라고 생각하고 누이와 잠자리를 같이 했다. 죄를 지었다는 죄책감이 없는 것은 아니었지만 그토록 그리던 것을 손에 넣었다는 만족감이 있었다. 그래서 노래를 불렀다.

"남몰래 우는 나의 사랑에 우는 아내여, 외로이 우는 나의 사랑에 우는 아내여, 오늘밤만은 마음 놓고 나의 몸에 와 닿아라."

그런데 이상한 일이 발생했다. 한여름 밥상에 올라온 국이 얼어붙은 것이다. 천황은 괴이쩍게 여기고 점을 쳐보게 했다. 점괘는 이렇게 나왔다.

"집안에 문란한 일이 있다. 누군가 반드시 근친상간을 했다."

그때 옆에서 천황에게 말했다.

"기나시노가루노미고가 누이인 가루노오오이라쓰메노히메미고를 범

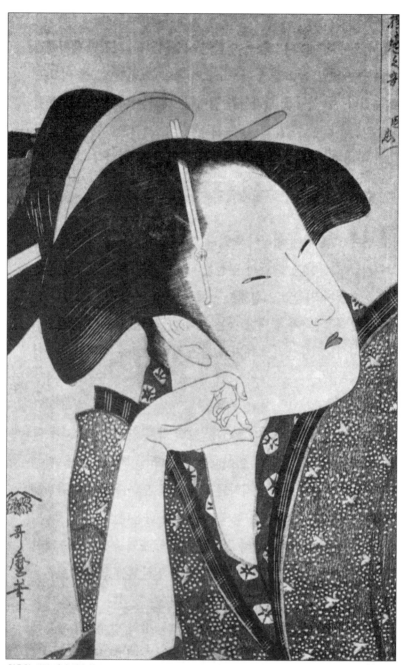

침울한 사랑. 喜多川歌麿

했습니다."

그래서 조사를 해보니 그것은 명확한 사실이었다. 하지만 태자에게 벌을 줄 수는 없었다. 그래서 가루노오오이라쓰메노히메미고를 이요伊豫로 옮겼다. 두 사람을 격리시킨 것이다. 태자는 다시 노래를 불렀다.

"나의 아내여, 심하게 울면 사람들이 눈치를 챌 터이니 나는 산비둘기처럼 낮은 소리로 남모르게 울고 있다."

십 몇 년이 흐른 뒤에 천황이 죽었다. 그런데 태자는 포악한 행동을 하고 여자를 희롱했다. 그래서 민심은 태자에게서 떠났다. 군신들은 태자의 동생에게 기울었고 형제는 서로 군대를 일으켰다. 그러나 상황은 불리했다. 태자가 선택한 것은 결국 자살이었다. 근친상간으로 얼룩진 기나시노가루노미고 태자의 삶은 결국 스스로 선택한 죽음이었다.

고대 의례집인 《엔키시키延喜式》를 보면 국가에서 정한 중죄를 열거하는 대목이 있다. '아들이 어머니를 범한 죄', '자기의 딸을 범한 죄'가 여기에 속하며 매우 엄격하게 금지했다. 또한 동물과의 관계를 의미하는 수간獸姦이나 모녀를 함께 범한 죄도 나온다.

그러나 이복 남매나 사촌 간의 결혼은 시대의 도덕률에 따르는 것이지만 비교적 자유롭게 행해졌다. 또한 고대 일본에서 남매의 결혼은 금지되어 있었다. 그러나 이것은 관습법에 따른 것이다. 이는 상대적으로 남매 사이에 결혼이 많았음을 반증한다. 만약 남매 간의 결혼이 성행하지 않았다면 굳이 법으로 금지할 까닭이 없기 때문이다.

남매 간의 근친상간을 관습적으로 금지시킨 것은 신의 뜻을 거역한다는 정서가 내재되어 있기 때문이다. 이런 까닭에 신의 뜻을 거역했을 때에는 신에게 제물을 바쳤다. 관습적으로 금지된 금기는 국가가 나서서 처리할 문제가 아니라 신과 연관되어 있다고 생각했기 때문이다. 그래서 자기의 재산을 바치고 용서를 빌었다. 서구의 경우처럼 법이 정한 근친상간을 저질렀을 때 사형 등의 형벌을 가하지 않은 것은 그것이 국가의 소관이 아니라 신의 소관이라고 생각했기 때문이다.

옷 밖으로 드러나는 아름다움

아이는 부모를 닮는 법이다. 기나시노가루노미고의 아버지인 인교 천황 역시 역사에 이름을 남겼다. 인교 천황은 이미 결혼을 해서 오나카츠히메大中津姬라는 아내가 있었다. 그런데 인교 천황의 눈길을 사로잡은 여자가 있었다. 그녀는 다름 아닌 오나카츠히메의 동생이었다. 이른바 처제였던 것이다.

인교 천황은 처제를 궁중으로 불러들였다. 그러나 소토오리衣通姬라고 불리는 처제는 7차례나 천황의 부름을 거절했다. 그것은 언니의 강한 질투심을 알고 그것을 두려워했기 때문이다. 그녀가 소토오리라고 불리게 된 것은 피부의 아름다움이 옷을 입어도 밖으로 비칠 정도로 아름다웠기 때문이었다.

그래서 인교 천황은 이가쓰노오미라는 신하를 불러 이렇게 일렀다.

"네가 직접 가서 소토오리를 데리고 오너라."

이가쓰노오미는 옷 속에 쌀을 넣고 소토오리를 찾아갔다.

"내가 어찌 천황의 말을 거역하겠습니까. 다만 황후의 기분을 생각해서 이러는 것이니 물러가세요."

"저는 명을 받고 왔습니다. 혼자서는 돌아갈 수 없습니다. 만약 혼자 간다면 극형을 면할 수 없습니다. 차라리 여기서 죽겠습니다."

이가쓰노오미는 버텼다. 그는 7일 동안 뜰에 엎드려 있었다. 음식을 주어도 먹지 않았다. 그 대신 품속에 숨겨온 쌀을 몰래 꺼내먹었다. 소토오리는 난처했다. 결국 이가쓰노오미에게 속은 소토오리는 천황의 뜨거운 눈길과 언니의 싸늘한 시선이 교차하는 궁중으로 들어갔다.

인교 천황은 황후의 기분을 헤아려 처제를 궁중에 들이지 않고 별궁을 세워 머물게 하였다. 황후가 아이를 낳던 밤 인교 천황은 소토오리의 거처에 들었다. 황후가 이를 듣고 분노한 것은 어쩌면 당연한 일이었다.

"지금 내가 아이를 낳기 위해 이렇게 애를 쓰고 있는데, 하필 오늘 그곳에 행차한다는 말인가. 내가 죽고 말겠다."

황후는 자리에서 일어나 불을 지르려고 했다. 이를 들은 천황은 깜짝 놀라 황후를 찾아와 잘못을 빌었다. 인교 천황은 이후 황후의 감시 때문에 소토오리의 거처를 찾아갈 수 없었다. 어느 날 기회를 엿보다가 몰래 별궁으로 갔다. 그런데 천황이 온 것을 모르는 소토오리가 노래를 지어 불렀다.

"아, 나의 낭군이 오실 만한 저녁이다……."

이 말은 들은 인교 천황은 그에 화답하듯 노래를 불렀다.

"빗살무늬 비단 단추를 풀어놓고 며칠 밤이라고 말하지 말고 단지 오늘밤만 같이 지내세."

인교 천황이 자기 동생의 처소를 찾았다는 것을 안 황후는 남편을 원

미인도. 懷月堂安度

망했다. 인교 천황은 황후의 질투 때문에 소토오리를 자주 만날 수가 없었다. 그래서 이렇게 한탄했다고 한다.

"언제나 안심을 하고 그대를 만날 수 있을까? 바다풀이 파도에 실려 간간히 밀려오듯이 우리는 드물게 서로를 만날 수 있을 뿐이다."

후세에 오면 일본의 남자들은 얼마든지 이혼을 할 수 있지만 전 아내의 동생, 즉 처제와 결혼하는 것만은 엄격하게 금지되었다.

일본으로 간 신라왕자 아메노히보코

신라에 아구누마라고 불리는 늪지가 있었다. 어느 날 그 근처에서 신분이 천한 여자가 잠을 자고 있는데 갑자기 밝은 햇살이 그녀의 음부를 비추었다. 그때 그 근처에 남자 하나가 있었는데 이상함을 느끼고 그 모습을 지켜보았다.

한편 여자는 그날 이후 태기가 있어 달이 차자 출산을 했는데 낳고 보니 아이가 아니라 붉은 구슬이었다. 이상하게 여기고 있는 여자 앞에 처음부터 모습을 지켜본 남자가 나타나 그 구슬을 자기에게 달라고 부탁했다. 남자는 그 붉은 구슬을 잘 싸서 항상 허리춤에 차고 다녔다.

언젠가 남자가 산 속에서 밭을 갈고 있는 남자들에게 음식을 주기 위해 소를 몰고 산 속으로 들어가다가 아메노히보코 왕자를 만났다.

"왜 소를 몰고 산 속으로 들어가느냐. 산에서 소를 잡아먹으려고 하는 수작이렷다."

아메노히보코는 주위에 명을 내려 그 남자를 감옥에 가두라고 했다.

"소를 죽이려는 것이 아니라 밭을 갈고 있는 사람들에게 줄 음식을 싣고 가는 것입니다."

남자가 사실을 말하고 애원을 했지만 아메노히보코는 듣지 않았다. 그래서 남자는 소중하게 지니고 다니던 붉은 구슬을 꺼내 아메노히보코에게 건넸다. 일종의 뇌물인 셈이다. 구슬을 본 아메노히보코는 기분이 좋아져 그 남자를 방면하고 집으로 돌아와 마루 위에 그 구슬을 올려놓았다. 그러자 붉은 구슬은 아름다운 여자로 변신했다. 아메노히보코는 너무 신기하고 놀라워서 그 여자와 결혼을 해서 아내로 맞아들였다.

그 여자는 맛있는 음식을 만들어 아메노히보코에게 주었다. 그런데 하루는 아메노히보코가 사소한 일로 그 여자를 나무랐다. 그러자 여자는 화를 내며 이렇게 말했다.

"나는 당신의 아내가 될 여자가 아닙니다. 내 조국으로 돌아가겠습니다."

여자는 이렇게 말하고 배를 타고 일본으로 건너갔다. 아내가 일본으로 갔다는 말을 들은 아메노히보코는 곧 뒤를 따라 일본으로 갔지만 바다의 신이 그를 가로막았다. 아메노히보코는 하는 수 없이 아내를 만나지 못하고 다른 곳에 정착해 새로 아내를 맞아들여 많은 자식을 낳았다. 또한 아메노히보코는 일본으로 건너갈 때 신령스러운 구슬과 파도를 일으키는 천, 바람을 일으키는 천, 바람을 가라앉히는 천, 거울 등을 지참했다.

제 3 장

여성의 아름다움

일본인의 이상적인 여성미

많은 시인들은 여성만큼 아름다운 것은 세상에 또 없다고 표현했다. 이는 시인의 대부분이 남자들이기 때문에 그럴지도 모르지만 여하튼 아름다움은 남자보다 여성의 전유물처럼 보인다. 자바의 신화를 보면 남자는 그냥 점토로 빚어 만들고 여자는 다양한 재료를 모아 만들었다고 한다. 이를테면 이런 것이다.

"달의 둥근 맛, 뱀의 구불구불한 모습, 칡넝쿨이 얽힌 모습, 풀이 흔들리는 모습, 보리의 날씬한 모습, 꽃의 향기, 나뭇잎의 경쾌함, 사슴의 눈길, 햇빛의 상쾌함과 즐거움, 바람의 민첩성, 구름의 눈물, 솜털의 연약함, 꿀의 달콤함, 제비의 가는 허리, 산비둘기의 울음소리……."

이렇게 창조된 여성이 아름답지 않을 수 없다. 또한 그 아름다움 때문에 전쟁이 일어나기도 했다. 심지어 나라를 기울게 만드는 경국지색傾國之色들도 역사 속에 자주 등장한다.

그런데 아름다움에 대한 잣대는 시대와 지역에 따라 조금씩 달라진다. 한때는 폐병에 걸린 것처럼 백지장처럼 하얀 얼굴이 미인의 기준이 되기고 하고, 밝고 건강한 모습이 미인이 되기도 한다. 또한 아프리카의 어느 부족처럼 목이 긴 여자가 미인으로 꼽히기도 하고 뚱뚱함을 미의 덕목으로 꼽는 지역도 있다.

각 민족이나 각 개인은 자기들이 이상적으로 여기는 여성상을 가지고 있다. 그것은 자연적 환경이나 정서에 따라 차이가 나는데 일본인의 경우도 서구의 것과 여러 면에서 차이를 보인다. 1879년 어떤 젊은 일본인이 파리에서 열린

뒤를 돌아보는 미인. 菱川師宣

동양학자 회의에서 일본인이 이상적이라고 생각하는 여성미에 대해 다음과 같이 말했다.

살랑대며 걷는 여인의 모습. 菱川師宣

"머리부터 이야기를 시작하겠습니다. 여러분, 활 모양의 또렷한 눈썹이 둥근 천장처럼 위로 향하고 있고 검은 속눈썹이 화환처럼 그 둘레를 에워싸고 있는 눈을 상상해 주십시오. 하얀 얼굴은 달걀형이고 엷은 복숭아 빛을 띠우고 있습니다. 코는 높고 직선입니다. 입은 작고 언제나 활력으로 넘치며 때때로 입술 사이로 하얗고 고른 치아가 보입니다. 가늘고 긴 얼굴에는 검고 긴 머리카락이 왕관처럼 얹어져 있고 끝부분은 활 모양을 하고 있습니다. 여러분, 이 얼굴을 마르지도 않았지만 결코 살찌지 않은 몸에 붙어 있는 둥근 목과 연결해서 상상해 주십시오……젖가슴은 중간 크기로 둥글고, 허리는 가늘고 잘록합니다. 손과 발은 작은데 마르지 않았습니다. 여러분, 제가 말한 모습을 이제부터 말할 매력을 더해서 한층 더 아름답게 보아 주시기 바랍니다. 유연한 몸놀림. 자연 그대로의 우아함을 갖추고 있고 사람들의 마음을 부드럽게 만들어주는 천사의 목소리. 달콤하고 생기가 넘치는 눈길. 사랑스러운 미소가 깃든 또렷한 이야기. 평정, 좋은 기분, 깊은 사고와 끊임없이 변화하는 품위 있는 얼굴 표정. 자부심이 강하고 소박하며 아무리 감정이 고양되어도 중용을 지키는 자만하지 않는 행동……."

여기까지 말했을 때 동양학자 가운데 한 명이 강연자에게 말했다.

"만약 그 여자의 주소를 알면 가르쳐 주시오."

그러자 그 젊은 일본인은 안타깝다는 듯이 대답했다.

"그 처녀의 주소를 알고 있다면 제가 먼저 그녀에게 청혼했을 겁니다."

사람들은 그 강연자가 "여러분 이렇게 상상해 주십시오, 여러분 이렇게 연상해 주십시오"라고 말하는 요청에 주의를 기울였다. 유럽인들은 대개 표정이 풍부한 아름다운 여자의 얼굴에 특별히 마음이 끌린다. 다시 말해서 유럽인은 얼굴 페티시스트성적 감정을 불러일으키는 장갑이나 구두 등의 사물에 이끌리는 사람들인 셈이다.

그런데 일본의 화가나 조각가들은 위에서 말한 것처럼 이상적인 모습과는 멀리 떨어진 여자의 모습을 창조했다. 그것은 의복 페티시즘이다. 그러나 젊은 일본인 강연자는 이상으로 생각하는 여성미를 확실하게 제시했다.

일본도 유럽처럼 커다란 눈, 또렷하게 구별되는 눈썹, 긴 속눈썹, 희고 고른 치아, 작은 입 등을 미적으로 볼 때 가치가 높은 것으로 여겼다. 그러나 서양인과 다른 미의 척도를 지니고 있는 것은 당연한 일이다. 얼굴의 규칙성에 대한 견해는 유럽에서도 사시斜視를 얼굴의 장점에 포함시키지 않는 것만 빼고는 모두 다르다. 그럼에도 불구하고 많은 외국인은 일본에 체재하는 동안 미에 대한 그들의 견해를 바꾸게 되고 일본의 처녀들이 지니고 있는 검은 눈동자에 빠져들고 만다. 《고사기》에 다음과 같은 노래가 나온다.

코하타의 길에서 만난 소녀,
그녀의 뒷모습은 귀여운 방패와 같았고
가지런한 이는 메밀잣밤나무나
마름나무에 열려 있는 열매와도 같았다.
이치하이에 있는 와니 언덕의 흙은
윗부분은 붉고
아래의 것은 검다.
그러므로
밤송이처럼 그 속에 들어 있는 흙은 활활 타오르는 불에도
그을리지 않는다.
바로 이 흙으로 만든
먹으로 눈썹을 예쁘게 그린 모습으로
우연히 길에서 만난 소녀여!

만약 서구인이 민족의 정취를 묘사하는 화가를 신임한다면 부인은 뚱뚱하고 살찐 남자에게 홀딱 반하게 될 것이고 마찬가지로 남자들은 살찐 부인들에게 반하게 될 것이다. 그러나 부인들은 자기의 몸에 지방이 덕지

미인도. (좌에서 시계 방향으로) 鳥文齊榮之, 鳥高齊榮昌, 鳥橋齊榮里, 一樂齊榮水

덕지 붙어 있는 것을 원하지 않는다. 남자들 역시 마찬가지이다. 비만은 힘의 징표가 될지는 모르지만 아름다움의 징표라고는 생각하지 않는다.

만약 어떤 사람이 "참으로 오래간만입니다. 전에 만났을 때와 비교해서 상당히 뚱뚱해지셨군요. 그리고 나이도 많이 드셨군요"라고 말한다면 악담과 같다. 비록 살이 쪘다는 것이 힘이나 관록을 나타내고, 나이 역시 존경할 만한 것 가운데 하나지만 그것은 어디까지나 상황에 의한 것이기 때문이다.

일본의 여자들은 겉으로 드러난 모습으로 판단한다면 인근의 중국인보다 확실히 친절한 인상을 준다. 그것은 일본 상류사회의 부인들이 매우 애교가 있기 때문이다. 그녀들의 우아함은 선천적으로 타고난 것으로 생각된다. 개방적이고 아이 같은 얼굴은 그녀들을 비추는 본질 전체의 거울일 것이다. 약간 비스듬히 뜨고 있는 눈은 검게 빛나고 치아는 눈부시게 희며 머리칼은 탐스럽다.

이 경우 대개의 처녀들이 그렇다는 것으로 부인은 이를 검게 물들인다. 이를 검게 물들이는 방법은 먼저 쇳조각을 차※나 식초에 넣고 산화시킨다. 그렇게 해서 만들어진 악취가 나는 갈색 액체를 이에 바르는 것이다. 이것은 고대 상류층의 부인들 사이에서 시작해서 궁중의 남자들, 민간에서 유행하게 되었다. 무로마치室町, 1336~1573 시대에는 여자아이가 9살이 되면 성인이 되었다는 표시로 이를 검게 물들였다. 에도 시대에는 결혼한 여자는 모두 이를 검게 물들였다.

이를 검게 물들이고 나면 눈썹을 밀어내고 그 자리에 색을 입힌다. 특히 표정이 풍부한 눈은 많은 찬사를 받는데 눈의 아름다움은 눈썹을 먹으로 그려 넣는 것으로 완성된다.

세렌카는 다음과 같은 기록을 남겼다.

"일본인이 쌓아올린 여성의 이상적인 아름다움은 서양인의 견해와 부합되지 않고 큰 차이를 보이고 있다. 그럼에도 불구하고 일본의 처녀들은 유럽인이 볼 때에도 충분히 매력적이고 또한 유혹적이다."

일본인들은 곱슬머리를 가진 여성은 색을 밝히거나 음탕할 것으로 여기고, 살집이 좋고 긴

목욕하는 여자. 磯田湖龍齊

귓불을 가진 여성은 선천적으로 매우 좋은 머리를 타고난다고 생각했다. 이러한 특징은 여신의 조각상이나 그림 등에 그대로 드러나 있다.

현대의 일본인은 버들처럼 가는 허리를 가진 여성을 원한다. 일본인은 서구인이 보았을 때 미의 결여, 즉 납작한 가슴이나 볼품없는 다리 등에 대해서는 관대하다. 반면에 일본 남자는 뚱뚱한 허리나 펑퍼짐한 엉덩이를 추한 것으로 간주한다. 따라서 나폴리 박물관에 있는 비너스 상은 섬세한 마음을 가진 일본인에게 모든 면에서 추하게 보일 것이다. 이것과는 반대로 가늘고 긴 허리와 가슴이 작은 페르시아 부인은 일본인에

게서 이상적인 아름다움을 지닌 여성으로 찬사를 받을 것이다.

 ## 신체 지리적인 미의 목록

신체 지리적인 미의 목록은 신체의 각 부분에 대한 미의 기준을 의미한다. 이는 각 민족에 따라 조금씩 차이를 보이고 자연환경과도 관계가 있다. 대개는 문학이나 미술 등을 통해 당시 사회가 지니고 있는 미의 기준을 가늠해볼 수 있다.

슈트라츠는 일본의 근대 풍속화가인 니시카와 스케노부西川祐信의 미인도美人圖와 연결해서 설명한 32군데의 신체 지리적인 미의 목록를 만들었다. 그러나 그것은 일본인이 생각하는 여성미를 평가하는 근거는 되지 않는다. 왜냐하면 이 목록의 일부, 또는 전체는 고대부터 이미 아시아와 유럽의 모든 민족들에게 유포되어 있던 것이기 때문이다. 그래서 일본인이 생각한 미의 목록으로 제시하기에 본질적이지 않은 부분은 바꿔서 재구성해보았다.

1. 머리 모양은 달의 모습과 비슷하다.
2. 얼굴은 밝아서 거울인 듯하다.
3. 눈썹은 빛이 나고 초승달과 비슷하다.
4. 눈은 이슬처럼 젖어 있다.
5. 정수리는 지저귀고 있는 새인 듯하다.

6. 귀는 꽃의 왕이 타고 있는 수레인 듯하다.

7. 뺨은 꽃봉오리인 듯하다.

8. 코는 줄기가 달린 꽃의 꽃받침인 듯하다.

9. 입술은 붉은 종이로 싼 작은 선물꾸러미인 듯하다.

10. 턱은 벽옥인 듯하다.

11. 목은 활처럼 휘어져 있다.

12. 가슴은 편평하고 눈처럼 희다.

13. 유두는 돌처럼 빛나고 있다.

14. 팔꿈치는 달걀 속에 있는 병아리인 듯하다.

15. 배는 편평하고 광택이 있다.

16. 음부는 결이 곱고 하얀 빵인 듯하다.

17. 허벅지 안쪽은 편평하고 솜이 가득 차 있는 듯하다.

18. 무릎은 대추야자와 비슷하다.

19. 장딴지는 뱀장어의 살인 듯하다.

20. 발등은 한 줌의 눈▓인 듯하다.

21. 아래턱은 과자와 비슷하다.

22. 목덜미는 보석처럼 등으로 흘러내린다.

23. 어깨뼈는 살로 덮여 있다.

24. 팔꿈치에서 어깨 사이는 올챙이의 배와 비슷하다.

25. 등뼈는 호랑이의 등뼈처럼 우아하다.

26. 손의 관절은 젖먹이처럼 부드럽다.

27. 손가락은 꽃술인 듯하다.

28. 허리는 바람에 살랑대는 버들인 듯하다.

시계를 보고 있는 미인. 西川祐信

29. 등은 완만한 언덕
    인 듯하다.
30. 다리는 하얀 살로
    이루어져 있다.
31. 정강이뼈는 사슴
    과 비슷하다.
32. 발꿈치는 둥글고
    붉은 자두와 비슷
    하다.

유럽의 민속학 가운데
이미 잘 알고 있는 전설
과 야화의 주제 속에 위
에 열거한 일본인이 생
각한 여성미가 종종 등
장한다. 그것은 가장 멀
리 떨어진 서유럽과 동
아시아에 있는 일본 사
이에 끊임없이 교섭이
있었다는 증거라고 생각
해볼 수 있다. 그렇다면
지리적으로 유럽과 일본
의 중간 지점에 위치하고 있는 중동 지역에서 본 여성의 신체 지리적인 아름다움은 어떤 것인지 살펴보자.

"말씨는 상냥하고 맵시는 등나무가지처럼 나긋나긋하다. 하얀 이는 카밀러 꽃잎 같고, 풍성하고 탐스런 머리칼은 남자의 마음을 사로잡는다. 발그레한 볼은 붉디붉은 아네모네를 연상시키고, 얼굴은 잘 익은 사과 같으며 입술은 포도주처럼 달고 유방은 두 개의 석류처럼 빛난다. 몸매는 균형이 잘 잡혀서 어깨는 매끈하고 코는 잘 선 칼날처럼 오뚝하고 이마는 희며 가지런한 눈썹은 아담하게 다듬어져 있으며 눈동자는 새까맣게 반짝인다. 입을 열면 아름다운 진주알들이 쏟아지듯 하고 고운 마음씨는 사람들의 마음을 기쁘게 만든다. 미소를 지으면 입술 사이로 달그림자가 깃들고 서늘한 눈길과 마주치면 반짝이는 광채에 가슴이 서늘해진다. 두 개의 입술은 크림보다도 매끄럽고 꿀보다도 달콤하다. 매끈한 상아로 만든 구슬 같은 한 쌍의 유방을 가졌고 진주알처럼 탄력 있게 허벅진 넓적다리, 이슬을 가득 머금고 빛나는 초원의 언덕과도 흡사한 엉덩이, 순금을 녹여 본뜬 듯한 아름다운 손과 발."

화장의 기원

인류가 화장을 하게 된 것은 신에 대한 제의와 연관이 있다. 따라서 화장의 원래 목적은 얼굴을 아름답게 꾸미기 위한 것이 아니었다. 일반적으로 얼굴에 색을 칠하는 것은 타인의 시선을 끌기 위한 것으로, 이로 인해 자기와 타인 모두 이상한 감정에 사로잡히며 흥분을 느끼게 된다.

화장하는 여자. 歌川豊國

이렇게 볼 때 화장이라고 하는 것은 자기가 아닌 다른 무엇이 되어^{변신}해서 신과 일체감에 빠지는, 이른바 빙의^{憑依} 상태로 들어가기 위한 전단계라고 할 수 있다.

일본인도 예외는 아니었다. 고분^{古墳} 시대의 일본인은 얼굴에 붉은 흙을 발랐다. 현대인이 생각하는 것처럼 아름답게 보이기 위해 얼굴을 붉게 칠했다고는 생각하기 어렵다. 일본에서는 축제 때에 특정한 아이를 예쁘게 화장시키는 경우가 있는데 이는 그 아이가 빙의 상태에 빠질 것임을 알리는 표시였다.

이와 같은 맥락에서 일상을 벗어난 일을 할 때 그에 어울리는 화장을 하게 되었다. 이를테면 결혼식이나 장례식을 할 때 신부와 망자에게 화장을 시키는 것도 이와 같은 이유에서였다. 또한 일본에서 아이들이 강으로 놀러갈 때 먹으로 얼굴을 칠하는 것은, 그 아이가 불의 신의 가호를 받는다는 것을 알려 물의 신이 해를 가하지 못하게 하기 위해서였다. 그리고 무녀 등 신관의 역할을 하는 여성들이 얼굴에 두껍게 화장을 하는 것은 감정을 드러내지 않으려는 의도에서였다. 신의 뜻을 있는 그대로

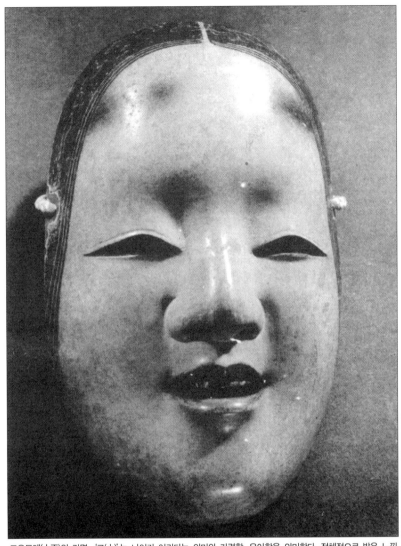

고오모테(小面)의 가면. '고(小)'는 나이가 어리다는 의미와 가련함, 우아함을 의미한다. 전체적으로 밝은 느낌을 준다.

전하는 것이 그들의 임무였기 때문이다.

　일본의 경우 메이지 시대 이후 피부에 해가 없는 화장품이 만들어지고 일반 여성들도 그 혜택을 받게 되었다. 그러나 노동을 하는 여성의 경우는 화장을 하지 않았다. 본격적으로 여성들이 화장을 하게 된 것은 비교적 최근의 일이다. 그렇다면 과거 일본의 여성들이 어떻게 화장을 했는지 구체적으로 살펴보자.

백분

백분白粉은 말 그대로 하얀 분을 얼굴에 바르는 화장법이다. 앞에서 말한 대로 고대 일본인은 얼굴에 붉은 흙을 발랐다. 당시 백분이 없었는지 붉은색에 다른 특별한 의미가 있었는지는 확실하지 않다. 다만 한반도에서 납 성분이 들어 있는 백분을 수입하게 되면서 붉은 흙은 그 모습을 감추게 된다. 그러다가 692년 승려였던 간죠観成가 국산화에 성공해 이후로 일본에서 생산되는 백분을 바르게 되었다.

그런데 이 납 성분이 든 백분은 미세하고 하얀 성분이 잘 드러나기 때문에 화장 재료로는 매우 훌륭하지만 치명적인 결함을 지니고 있었다. 바로 납중독이었다. 이 때문에 헤이안 시대의 두루마리 그림에 등장하는, 얼굴을 하얗게 화장한 여성들의 대부분이 40세 이후 심한 납중독에 시달렸을 것으로 추측된다. 한 예로 헤이안 시대 최고의 여류 시인이었던 오노노 코마치小野小町가 말년에 해골만 남았다는 이야기가 전해지는데 납중독과 연관이 있을지도 모른다.

납중독은 비단 일본의 문제만은 아니었다. 외국에서도 백분에 의한 만성 납중독에 대한 문제가 제기되어 납 성분이 없는 백분이 개발되었고 메이지 시대에 일본에도 수입이 되었다. 일본에서 납 성분이 든 백분의 사용이 정식으로 금지된 것은 1934년이었다.

19세기 미인도, 溪齊英泉

하구로

하구로齒黑는 이를 검게 물들이는 화장법이다. 하구로의 유래는 한반도와 남방 등의 여러 갈래가 있지만 분명하지 않다. 헤이안 시대의 문헌을 보면 '이를 검게 물들이고 붉게 화장을 시켜서'라는 말이 나오는 것을 보고 그 연대를 추정할 수 있을 뿐이다.

이후 하구로는 상류 사회의 여성들 사이에서 화장법의 하나로 굳게 자리를 잡게 되었고 점차 남자들도 이 화장법을 취하게 되었다. 남자들 역시 일반 대중이 아닌 고위 관리나 무사들 사이에서 널리 행해졌다. 이를 검게 물들이는 나이는 대개 성인식이 그 기점이었다.

특히 무사들은 전쟁터에 나갈 때 이를 검게 물들였다. 그 이유는 만약 전사를 했을 경우 적군이 이를 보고 하얀 사람은 잡병으로, 검게 물들인 사람은 무사로 대접해서 처리했기 때문이었다. 실제로 도쿠가와 이에야스가 실제적으로 일본의 최고 권력자가 되는 계기인 세키가하라 전투가 끝난 뒤 이를 보고 잡병과 무사를 구별했다는 기록이 남아 있다.

하구로는 원래 통과의례적인 성격이었다. 이를 검게 물들이는 것은 성인이 되었음을 증명하는 방법이었던 것이다. 성인식에 이를 검게 물들인 것도 이런 이유 때문이었다. 또한 성인식은 결혼이 가능함을 알리는 의례였다. 이런 까닭에 성인식을 할 수 없는 사생아는 동정의 대상이었다. 이를테면 이런 것이다.

"불쌍하게도, 하얀 이를 하고 있다니."

하구로는 일본 혼슈에서 널리 행해졌지만 하구로 대신 문신을 새기는 지역도 있었다.

이를 검게 물들이는 방법은 먼저 쇳조각을 차나 식초에 넣고 술, 엿

등을 섞어서 산화를 시킨다. 다음에 접착성을 강화시키기 위해 등나무 가루를 섞어 이 표면에 바른다. 이를 검게 물들이면 이의 산화 방지를 막아주고 충치로부터 보호할 수 있는 장점이 있다.

문신

문신은 침이나 칼로 피부에 상처를 내고 피부 아래에 먹 등의 색소를 새겨 넣는 화장법이다. 문신의 역사는 매우 오래되었다. 성경이나 그리스의 고대 문헌에도 문신의 흔적이 나타난다. 한 예로 대만의 고대 신화에 문신을 하게 된 이유를 이렇게 설명한다.

"옛날 한 부족의 여자들이 떼로 죽음을 당했다. 사람들이 모여 머리를 맞댔지만 대책이 전혀 떠오르지 않았다. 그러던 어느 날 꿈에 신이 나타나 문신을 하면 재난을 피할 수 있다고 알려주었다. 그래서 여자들은 가는 바늘로 얼굴을 찌르고 횃불의 그을음을 그 위에 발랐다. 이렇게 새겨진 문신은 지워지지 않았다. 물론 그 이후 여자들이 떼로 죽음을 당하는 일은 없었다. 또한 문신은 성숙한 여자임을 나타내는 징표가 되었다."

많은 민족의 경우 성년식에 문신을 비롯한 화장을 많이 했다. 대만의 신화에서 본 것처럼 문신은 죽음 의식과 밀접한 관계가 있기 때문이다. 즉 성년식에 새겨 넣는 문신은 아이로서의 인간이 죽고 성인으로 다시 태어나는 것을 의미한다. 문신은 삶과 죽음의 경계와도 같은 것이었다.

일본에서 문신은 악령을 쫓는 주술적인 성격을 가지거나 형벌의 일종으로 사용되었다. 에도 시대 중기에 이르면 막부는 가벼운 죄를 지은 사람을 문신형에 처했다. 이에 영향을 받은 각 번은 모두 문신형을 도입했다. 그러나 이후 서민들 사이에서 장식의 의미로 유행하게 되면서 기원

상반신을 벗고 화장하는 여자와 이를 훔쳐보는 소년. 鈴木春信

이나 표식을 위해 이름이나 문양을 새겨 넣게 되었다. 그리고 결국에는 온 몸을 그 대상으로 삼았다. 원래 죄수에게 행해지던 형벌이 젊은이들 사이에서 자랑거리로 발전했던 것이다. 현대에 이르러서는 폭력을 업으로 하는 야쿠자들이 문신을 많이 하는데 그것은 거친 힘을 표시하고 그들이 다른 사람들과 다르다는 것을 나타내기 위함이다.

그리고 또 하나 주목해야 할 것이 아이누 족이다. 아이누 족은 홋카이도, 사할린, 쿠릴 열도에 사는 털이 많은 민족으로 일본의 원주민이었다. 이들의 피부는 누런빛이 적고 검은빛이 많은 편이며, 눈은 쌍꺼풀에 우묵하고 광대뼈가 나왔으며 귀는 비교적 크다. 남녀 모두 털이 많아 최다 모最多毛 민족에 속하고 남녀 모두 귀걸이를 한다. 문신과 관련해서 특이한 것은 여자들이 콧수염과 닮은 문신을 입언저리에 새긴다는 것이다.

미인도. 鈴木春信

마유즈미

하구로와 거의 유사한 길을 걸어온 것이 마유즈미黛라는 것이다. 마유즈미는 자연적인 눈썹을 밀어내고 먹으로 자기가 원하는 대로 눈썹을 그리는 화장법이다. 나라 시대에 귀부인들 사이에서 성행했는데 이는 중국의 유행에 따른 것이다. 헤이안 시대가 되면 일본의 고유한 화장법이 등장하면서 중국식에서 벗어나 현재에 볼 수 있는 일본식 마유즈미가 등장하게 된다.

먼저 눈썹을 뽑고 원래 있던 위치보다 조금 위에 눈썹을 그려 넣었다. 석유 등을 태워서 생긴 그을음을 참기름으로 개어 조개껍질에 넣어 두었다가 상아나 뼈를 이용했다. 이후 눈썹의 위치는 조금씩 올라갔고 젊은이는 진하고 크게, 그리고 늙은이는 작게 그렸다.

헤이안 시대에 이르면 마유즈미는 이를 검게 물들이는 하구로와 함께 성인 여성임을 나타내는 징표가 되었다. 하구로와 마찬가지로 마유즈미도 고위 관료나 무사들 사이까지 퍼져나갔다. 그러다가 하구로와 함께 메이지 시대에 금지되었다. 마유즈미 역시 하구로처럼 결혼했음을 알리는 표시였고 성인이 될 때 거쳐야 하는 통과의례의 하나였다.

제 4 장

여
성
의

지
위

일본 여성의 초상

　F. 크라우스는 한 사회의 내부적인 질서를 이해하기 위해서는 여성이 그 사회에서 어떤 지위에 있는가를 알아야 한다고 말했다. 그것은 여성이 가족을 둘러싼 관례, 풍습, 권리 또는 신앙과 밀접한 관계가 있기 때문이다. 즉 외부적으로 드러나는 사회적 질서는 남자와 연관이 있지만 내부적인 사회 구조는 여성에 의해 창조되고 전개되기 때문이다.

　세계의 여성들이 대개 그렇지만 일본의 여성은 그 지위에 있어 큰 변화를 겪었다. 모계제 사회의 흔적이 남아 있던 막부 성립 전까지는 비교적 제 목소리를 낼 수 있었다. 그러나 무사 정권인 막부의 성립과 지배 이념으로 유교를 채택하면서 여성의 지위는 몰락을 거듭했다. 결혼제도는 남자가 여자의 집으로 들어가 사는 처문혼에서 여자가 남자의 집으로 들어가는 가입혼嫁入婚으로 바뀌었고 비교적 자유롭던 성의 영역도 극도로 좁아지게 된다.

　이러한 몰락은 메이지 유신과 함께 조금씩 반전되어 오늘날 여성의 지위는 괄목상대할 정도의 신장을 보이고 있다. 1960~70년대 일본의 여성은 세계의 남자들이 부러워하는 일등 신붓감이었다. 그러나 오늘날의 일본 여성은 부덕을 강조하는 그 '최고의 신붓감'이라는 자리를 박차고 나와 그들의 고유한 지위를 획득하기 위해 애쓰고 있다.

이름은 알려지지 않았지만 일본을 잘 아는 어떤 사람의 편지 가운데 다음과 같은 내용이 있다.

"집과 가족, 그리고 국가 속에서 부인의 지위와 영향은 민족의 윤리적인 개념에 의해 좌우되는 경우가 매우 많다. 따라서 우리는 전제 조건을 연구하지 않아도 결과로서 드러난 현상의 비교를 통해서 생각지도 않은, 또한 엄밀하지도 않은 모습을 얻을 수가 있다."

또한 이 사람은 다음과 같이 덧붙이며 유럽인들의 생각을 비판했는데 그 비판이 전적으로 옳다고 생각한다.

"유럽인들은 돈으로 살 수 있는 일본의 여성을 보고 그들이 문화를 담당하고 있는 것처럼 생각하고, 오히려 좁고 답답한 음지

'부녀자 풍속 12개월' 가운데 9월의 중양절. 勝川春章

에서 일하고 있는 어머니와 딸은 아무런 의미도 없는 것처럼 생각하는데 이는 겉핥기식 관찰에서 비롯된 피상적인 견해에 불과하다."

이런 피상적인 견해가 생겨나게 된 이유는 일본 사회가 지니고 있는 소위 남존여비에서 비롯되었다고 생각된다. 핀란드의 인류학자인 알렉산더 E. 웨스터마크는 과거 일본의 여성이 법률적으로 사람이라기보다 물건에 가깝다고 보았으며 다음과 같은 사례를 제시했다.

"그녀는 어릴 때부터 복종에 익숙해져 있었기 때문에 새로운 집에 가서도 외경 이외에 다른 것을 기대할 수 없었다. 사람들은 사랑 따위를 생각하지 않았다. 그녀는 언제나 복종만 해야 했던 것이다. 절대로 질투를 해서도 안 되었다. 그녀는 남편이 집에 어떤 사람을 데리고 오더라도 분노를 겉으로 드러내서는 안 되었다. 그녀는 남편의 뒤를 따라 걸어야 했고 결코 나란히 걸을 수 없었다. 그녀가 죽으면 그녀의 아이들은 묘지를 지키지만 남편은 그렇지 않다. 일본의 부인들은 계집종 가운데 우두머리에 불과하지만 결혼에 의해 자식이 태어나면 존경받는 위치에 오르는 게 일본의 관습이었다. 그녀들은 존경의 의미가 담겨 있는 '부인'이라는 호칭으로 불렸고 그 지위는 동남아시아의 미얀마를 예외로 한다면 동양의 다른 나라와 비교해서 높은 것이었다."

그러나 일본에 정통한 폰 쿠드리아프스키 부인은 생각이 달랐다. 그것은 부인이 여성의 눈으로 보았기 때문일 것이다.

"일본에서 부인의 지위는 동양의 다른 민족과 비교해서 결코 낮지 않다. 일부다처제가 허용되는 것도 아니고 중국에서 일반적으로 행해지는 측실側室의 관습도 별로 찾아볼 수 없다. 부부는 애정을 바탕으로 서로 존경한다. 부인들은 가사 일에 뛰어나고 숙련된 노동자이기도 하며 실천적

후카이(深井). 삶의 깊은 맛을 맛본 중년 여성의 얼굴을 표상화한 가면.

이고 청결하다. 또한 일본의 부인들은 아이를 다루는 데 뛰어난 재능을 가지고 있다. 언젠가 이런 이야기를 들은 적이 있다. 일본의 어떤 이민선에 매우 소란스럽고 거친 한 떼의 아이들이 탔을 때의 일로 일본의 부인들이 거칠고 소란스러운 아이들을 잘 다루어 얌전한 아이들로 바꾸어 놓았다고 한다."

그러나 마론 박사는 일본 부인의 지위를 또 다른 시각에서 보았다.

"사교적인 면에서 부인의 지위는 근본적이고 자연스러운 것이었다. 그들은 남편의 친구인 동시에 조언자였고 협력자이기도 했다. 또한 남편들은 그들에게 변하지 않는 배려와 존경을 표시했다. 일본인은 아내를 자기의 행복과 존재를 아름답게 만들어 주기 위해 창조된 것으로 생각한다. 그리고 법과 관습은 두 사람의 인간관계가 뒤집히지 않도록 규정하고 있다. 그 때문에 일본에는 악처나 악한 여신이 없다. 또한 낭만적인 귀부인이나 성격이 까다로운 부인도 존재하지 않는다. 젊은 여성들은 낙천적이고 쾌활하며 중년 부인은 분별력을 지니고 근면했다. 딸의 교육은 변하지 않는 확고한 원리를 바탕으로 하고 있으며 그 원칙에서 벗어나면 절대로 용서하지 않았다. 이처럼 일본의 여성들은 사랑받을 준비를 조직적으로 배운다. 한 남자의 아내가 되는 것이 그들에게 최대의 관심사이고 삶의 한 대상이었다."

현대에 들어와 여성의 참정권이 인정된 것은 일본이 태평양 전쟁에서 패전한 해인 1945년 10월이었다. 천황이 더 이상 신이 아닌 인간이라는 선언이 있고 얼마 지나지 않아 여성의 참정권이 주어진 것이다. 그리고 다음 해에 있었던 총선거에서 39명의 여성이 당선되었다.

🌸 여성들의 교육

일본에 설립된 최초의 여자 대학은 1901년에 설립된 일본여자대학^당시 일본여자대학교으로 창설자인 나루세 진조우^{成瀨仁藏, 1858~1919} 교수는 여성 교육에 대해 다음과 같이 말했다. 나루세 교수는 학교 설립의 취지를 부각시키기 위해서 과거를 어둡게 묘사했다.

"봉건시대에 사회 환경과 불교 및 유교의 성행이 함께 작용해서 부인들은 억압을 당했다. 그 억압은 도쿠가와^{德川}가 권력을 장악했을 때 절정에 달했다. 사회적 신분과 계급은 엄격하게 정해졌다. 부인들은 완전히 억압되었고 그들이 가정을 한 걸음도 벗어나지 못하게 규제했다. 그 당시의 여성들이 받았던 교육은 재봉, 직조, 요리, 다도^{茶道}, 꽃꽂이, 그리고 초보적인 읽고 쓰기로 한정되어 있었다. 지적인 교육은 철저하게 무시되었다. 그러나 도덕 교육은 매일처럼 되풀이되었고 엄격하게 강조되었다. 유명한 세 가지 복종, 즉 젊은 때는 부모에 대한 무조건적인 복종, 결혼하면 남편에 대한 복종, 나이가 들면 아들에 대한 복종이 강요되었다. 매일처럼 이와 같은 교육이 반복되었고 강요받았던 것이다. 그 때문에 여성은 불쌍한 상태에 놓였으며 해방에 대한 희망을 꿈꿀 수 없었다. 일본 여성에게 혹독한 겨울이었다고밖에 말할 수 없는 시대였다. 그리고 그들의 생명은 잔혹한 사회 제도의 억압 아래에서 산산이 분쇄되었다."

나루세 교수가 지적한 시대는 일본의 근대였다. 중세 이전의 시대를 살펴보면 상황은 달라진다. 고대에는 부인이 집안의 중심이었다. 신에게 바치는 제사를 여자들이 주재했다는 사실이 이를 뒷받침한다. 고대 사회에서 제사를 주재하는 것은 힘을 의미했다. 당시의 권력은 신을 통해서

조온나(增女)의 가면. 젊은 여자의 얼굴로 단정하고 청초한 느낌을 준다.

획득되었기 때문이다. 일본의 경우는 최고의 신이 아마테라스라는 여신이다. 이런 정황으로 볼 때 고대 일본은 여성들의 나라였다. 결혼제도를 보아도 헤이안 시대까지 모계제 사회를 반영하는 처문혼이 남아 있었다.

고대 일본은 어머니를 중심으로 하는 모계 사회였다. 이것이 헤이안 시대가 막을 내리고 가마쿠라鎌倉. 1185~1333 시대가 역사의 전면에 등장하면서 상황이 변했다. 장군을 정점으로 한 무사가 중심이 된 가마쿠라 정권은 헤이안 시대의 귀족정치를 조금씩 허물기 시작했다. 이후 근대에 이르기까지 일본은 장군이 지배하는 막부 정치가 이어졌다.

이런 배경 아래에서 사회적 힘의 균형은 급격하게 남성 쪽으로 쏠리게 된다. 재산권이 장남을 통해 계승되면서 성도 남자 중심으로 변해갔다. 그와 함께 여자는 남편에게 엄격하게 속박되기 시작했다. 그 이후 유교의 영향으로 남존여비의 사상이 강화되면서 여성의 지위는 천한 것으로 전락하고 말았다.

여성의 지위가 밑바닥으로 전락했지만 유럽의 중세와도 같은 암흑과 붕괴의 시대가 일본의 역사 속에 존재하지 않았던 것은 오로지 부인들 덕분이라고 말할 수 있을 것이다. 나루세 진조우의 말처럼 애처로운 삶을 강요당했던 부인들이 반대로 일본을 구원했다고도 말할 수 있을 것이다. 오히려 부인들은 장편 소설을 만들고 그것을 꽃피웠던 것이다.

《겐지 모노가타리源氏物語》는 그 대표적인 예이다. 《겐지 모노가타리》는 무라사키 시키부紫式部라는 여성이 11세기 초에 지은 것으로 장르를 따진다면 궁중 여류문학에 속한다. 무라사키 시키부 이후 여성 문학은 그 꽃을 활짝 피우게 된다. 이 시대에 가나 문자가 제정되어 귀족 부인이나 딸을 중심으로 한 여류 문학이 발전할 수 있는 토양이 갖추어졌다.

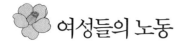

여성들의 노동

문부대신을 역임했던 스에마쓰末松謙澄, 1855~1920는 부인들의 노동에 대해 정중하게 말했다.

"일본의 남성과 여성은 수적으로 큰 차이가 없었다. 따라서 결혼하고 싶어 하는 여성의 희망은 대개 충족되었다. 그리고 그들은 결혼해서 가정을 말썽 없이 이끌어 나가고 좋은 아내, 좋은 어머니가 되는 것에 만족했다."

남성의 눈으로 보면 크게 문제될 것이 없었다. 또한 결혼해서 아이를 낳고 남자를 섬기며 가정을 이끌어가는 것은 남자들의 희망 사항이기도 했다. 그러나 현실은 군데군데 기운 누더기처럼 말끔하지 않았다. 이런 사실을 모를 리 없는 스에마쓰는 이렇게 덧붙였다.

"많은 수의 여자 산업 노동자가 있다. 그들은 무명, 비단, 종이 공장, 성냥 공장 등에서 일하고 있다. 관직에는 여성이 거의 없다. 그렇지만 대부분의 여성들은 교육을 받는다. 생활 속에서 별로 우대받지 못하고, 게다가 지식도 거의 없는 사람들은 우체국, 전화국, 철도 등에서 일하고 있다. 최근에는 개인 회사에 사무원으로 채용되고 있다. 즉 여성은 자기의 재능을 모든 방면에서 펼칠 수 있는 희망을 가지게 된 것이다."

여성들은 사회에서도 가정에서처럼 차별 대우를 받았다. 대개는 단순 노동자에 불과했다. 노동의 질을 보면 중세에 몸을 팔던 매춘부에서 크게 나아진 것이 없다. 다만 사회에 진출해 일을 할 수 있게 되었다는 사실이 큰 변화였던 것이다. 그러나 여성의 사회 진출은 이전에 없던 부작용을 수반했다. 이 역시 여성의 차별과 무관하지 않다.

한 무리의 여자들. 다카마츠(高松) 고분의 벽에 소재.

20세기에 들어 일본 부인들 사이에서 자살이 유행처럼 번졌다. 신문에는 이런 여성들의 자살 소식이 끊이지 않았다. 그 여성들의 대부분은 대도시의 여성이었다. 대도시에서의 생존경쟁은 사람을 지치게 만들고 신경을 상하게 하고 성생활에 해를 입혔다. 신경과 성생활이 손상 당하면서 본래적인 균형 감각을 잃게 되었고 그것이 자살로 이어졌던 것이다.

여기에 반해 농촌의 여성은 일본뿐만이 아니라 모든 나라가 그렇지만 매우 강인했다. 일반적으로 농촌의 여성은 남자보다도 저항력이 강한 것으로 인정받는다. 그 까닭은 농촌이 도시에 비해 원시성을 많이 지니고 있기 때문이다. 여기서 원시성이라는 말은 낙후, 미개 등으로 이해되는 것이 아니라 원시적 건강함을 가리킨다.

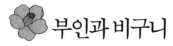 부인과 비구니

부인과 비구니는 여성이라는 점만 빼면 그 어떤 연관도 없을 듯이 생각된다. 그러나 일본의 성풍속에서 부인과 비구니는 보이지 않는 단단한 끈으로 연결되어 있다.

일본 부인들의 성생활에 대해 기록해놓은 책을 보면 비구니가 10만에서 15만 정도라고 한다. 그래서 그 숫자 때문에 그들을 따로 다루었다. 비구니는 죄 많은 모든 육욕을 단절하고 좁은 절 안에서 엄격한 규율에 따라 생활하며 정절을 지키고 산다. 그들은 머리를 삭발하고 베일과 같은 두건을 머리에 두르는데, 대개는 회색이나 하얀 의복, 띠, 꽃부리花環

를 두르고 있다. 그들은 가톨릭의 수녀처럼 항상 둘이서 짝을 지어 다니거나 비구니가 아닌 여자를 데리고 외출한다. 화가의 그림이나 유머 작가의 작품에는 강한 비구니의 의지와 이와 반대로 사소한 일로 크게 흔들리는 비구니의 약한 관능을 표현한 것이 많다.

그런데 정결한 육체를 지닌 비구니와 달리 도쿄의 유곽지역인 요시와라를 위협할 정도로 매춘에 적극적인 비구니들도 있었다. 신을 섬기던 무녀들이 참배객들과 잠자리를 같이 했던 고대의 관습이 있었던 것을 생각하면 크게 이상할 일도 아니다.

서아시아에서는 결혼하기 전에 한번 이방인과 매춘을 해서 얻은 돈을 신전에 바쳐야 하는 풍습도 있었다. 그래서 신전 주위에는 언제나 여자들과 호기심 많은 이방 남자들로 문전성시를 이루었다고 한다. 일본에서도 이와 성격은 다르지만 매춘에 적극적인 비구니들이 많이 있었다.

그것은 신과 아무런 관계도 없는 여자들이 신사 주위로 몰려들어 매춘을 했던 탓도 있다. 기록에 따르면 1840년경 지금의 도쿄인 에도에는 유곽이 61개소가 있었는데 그 가운데 21군데가 비구니가 운영하는 유곽이었다고 한다. 이 사실은 겉모습만 비구니이지 사실상 매춘부였다는 것을 간접적으로 시사하고 있다.

매춘을 하는 비구니들은 몸을 판 뒤에 돈을 직접 손으로 받지 않고 국자 모양의 히샤쿠柄杓라는 용기로 받았다. 히샤쿠는 신사에서 봉납금을 받을 때 사용하는 용기로 성性을 성聖스럽게 가장한 교묘한 방법이었다. 매춘을 신사 참배와 같은 성격으로 변모시킨 것이다. 남자들은 매춘이라는 신사참배를 한 것이다.

정식 무녀들은 성을 기피하는 경향이 있었다. 신사에서는 신을 모시

요코하마의 유곽. 歌川廣重

　는 춤 의식을 거행하지 않는다. 그러나 대개의 신사, 특히 지방에 있는 신사에는 지금도 무녀가 있어 신사를 장식하는 것과 공양물을 준비하는 일을 맡아서 하고 있다. 그녀들은 신을 모시는 동안에는 남편이 없지만 속세로 돌아와 결혼을 해도 상관없었다.

　또한 불교의 절도 반드시 윤리적인 순결을 강요했다고는 생각되지 않는다. 결벽증이 있는 융커 폰 랑그 박사조차도 1571년에 파괴된 교토 히에이산比叡山에 있는 엔랴쿠지延曆寺의 중들에 대해 이렇게 언급했다.

　"그들은 왁자지껄하게 생활했으며, 엄격하게 금지되어 있던 술을 마시고 첩과 남색을 위한 아이들을 거느리고 있었으며 모든 종류의 악행을 저질렀다."

　엔랴쿠지의 중들이 성적으로 음란하고 폭력적이었던 것은 그들의 출

신성분을 보면 쉽게 이해할 수 있다. 귀족 중심이었던 사회에서 빈곤층에 속하는 많은 사람들은 세금을 내지 않아도 되는 절로 들어갔다. 이들은 깊은 신앙이 있는 것도 아니고 교리에 밝은 사람도 아니었다. 다만 삶의 자구책으로 절을 선택한 것이었다.

이런 까닭에 엔랴쿠지의 중들은 일반인과 다름없는 생활을 했으며 나중에는 무리를 지어 무력을 행사하기도 했고 조직적으로 온갖 악행을 저지르고 다녔다. 이런 까닭에 전국시대의 첫 번째 패자霸者였던 오다 노부나가織田信長, 1534~1582는 엔랴쿠지를 불태운 것이다.

이들과 달리 비구니를 위한 절은 비구니의 감독과 보호 아래 곳곳에 존재하고 있었다. 그들의 경건함은 엔랴쿠지의 중들이 행한 악행과 정도에 있어서는 전혀 뒤지지 않았다.

그 외에 절에 묻혀 사는 반半비구니가 있다. 이들은 남편과 헤어지고 싶지만 헤어질 수 없는 보통의 여자들이었다. 반 비구니 상태로 절에 3, 4년 있으면 결혼으로부터 해방될 수 있었다. 그 이후에는 세속으로 돌아가 재혼을 할 수가 있었다.

그래서 구타를 비롯한 억압적인 결혼 생활을 견디지 못한 부인들이 절로 피신했다. 절은 이른바 치외법권 지역이었던 것이다. 절에서는 지금의 가정재판소처럼 남편과 아내를 불러 화해를 권했다. 그러나 해결이 나지 않는 경우에는 여자를 절에 살게 했다. 삭발을 하지 않고 허드렛일을 하면서 3년 정도를 보내면 합법적으로 이혼을 할 수가 있었고 재혼도 가능했다. 당시의 여성이 이혼을 요청할 수 없는 사회적 분위기로 볼 때 상당히 파격적인 일이었다. 그러나 이를 악용하는 경우도 있었다. 바람이 난 유부녀가 절로 도망쳐 3년 정도 지난 후에 정부와 결혼하는 사례

저녁에 강가에서 더위를 식히는 여인들. 鳥居清長

도 있었던 모양이었다.

여성의 이름

　도쿠가와 막부는 백성, 상인의 이름 사용을 금했다. 아내는 이름조차 무시되었다. 아내는 가정 내에서는 그 존재 가치를 인정받고 있었지만 사회적으로는 그 존재 가치가 무시되었다. 예를 들어 남성은 어린아이라도 족보에 이름이 기입되었지만 여성은 단지 여자라든지 딸로 기록될 뿐이었고 이름은 기입되지 않았다. 성을 사용할 수 있는 무사 집안의 아내조차 어디어디에서 시집온 여자라고 적었을 뿐 이름은 기입되지 않았다.

　메이지 유신 이후 정부는 사농공상의 서열을 철폐하고 평민도 성을 사용할 수 있게 되었다. 여성은 친정의 성을 따르도록 했다가 훗날 서양식으로 남편과 같은 성을 사용하게 되었다. 현재는 남편이나 아내 둘 가운데 하나의 성을 선택해서 쓰면 된다. 한 예로 일본 공산당의 주요 간부인 후와 데쓰조不破哲三는 결혼식이 끝나고 첫날밤 가위 바위 보를 해서 성을 결정했다고 한다. 후와는 처가의 성씨다.

　또한 여성의 사회적 진출이 일반화되면서 근래에 들어서는 결혼해서 성을 바꾸는 번거로움을 피해 처녀 때 쓰던 성을 그대로 쓰는 일이 많아지고 있다.

제 5 장

역사 속의 일본 여성

역사에서 등장하는 일본 여성

일본 역사에서 가장 높은 자리에 올랐던 여성은 스이코推古 천황이었다. 귀족들 사이에 벌어진 권력 암투 속에서 천황이 암살되자 힘의 공백을 메우기 위해 여자 천황을 옹립한 것이다. 스이코 천황은 조카인 쇼토쿠聖德 태자에게 섭정을 맡겨 고대 율령체계를 확립했다. 이 시기는 일본 고대의 전성기였다.

여성 지배의 존재는 고분 시대를 지나 나라 시대까지 계속되었다. 7세기와 8세기의 천황은 스이코로부터 간무桓武까지 17대로 그 가운데 스이코, 고교쿠皇極, 사이메이齋明, 지토持統, 겐메이元明, 겐쇼元正, 고켄孝謙, 쇼토쿠稱德 등 8대가 여제였다.

여성의 사회 진출이 가장 활발했던 시대는 헤이안平安 시대라고 할 수 있다. 당시는 아직 남성 중심적인 사회가 확립되지 않았고 상대적으로 여성에 대한 차별도 별로 없던 시대였다. 그것은 섭관攝關 정치라는 정치적 배경이 큰 역할을 했다.

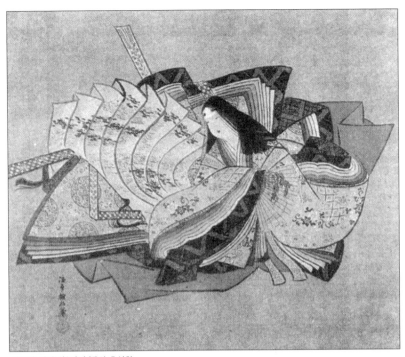

이즈미 시키부(和泉式部)의 초상화.

섭관 정치는 모계 존속이 천황을 후견하는 제도였기 때문에 여성적인 귀족 문화가 꽃을 피울 수 있었다. 이후 지배자가 부계로 바뀌는 원정院政을 바탕으로 한 봉건제도가 뿌리를 내리고 가부장제 가족제가 하급 지배층으로 침투해 들어가면서 12세기에 이르러 조금씩 혼인 형태가 일부일처제인 단혼제가 성립되고 사회적으로 여성들이 제약을 받게 된다. 무라사키 시키부나 세이쇼 나곤 등은 섭관 정치가 행해지던 시대에 활약한 대표적인 여류 문인들이다.

남자와 여자는 비교적 자유롭게 성을 구가했고 여성이 여러 명의 남자와 관계를 맺어도 흉이 되지 않는 시대이기도 했다. 이런 까닭에 일본

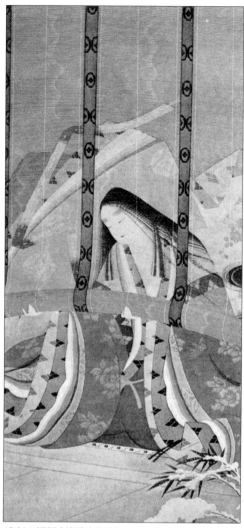
세이쇼 나곤(淸少納言)의 초상화.

에서 헤이안 시대를 성의 해방 시대로 꼽는다. 대표적인 여성으로는 이즈미 시키부和泉式部를 꼽을 수 있다.

이즈미 시키부는 시인으로 《이즈미 시키부 일기》와 《이즈미 시키부 문집和泉式部集》으로 널리 알려져 있다. 그리고 화려한 남성 편력으로도 유명하다. 그녀의 남성 편력에는 네 명의 남자가 등장하는데 그 가운데는 태자와 그의 동생도 들어 있다. 이런 까닭에 당시 최고 권력자였던 후지와라 미치나가는 그녀를 가리켜 '창녀'라고 불렀다고 한다.

자유로운 성생활뿐만 아니라 성의 담론도 풍성하게 이루어졌는데 그 대표적인 것이 무라사키 시키부紫式部가 쓴 《겐지 모노가타리源氏物語》와 나라奈良 시대에 나온 《만요슈万葉集》이다.

세계 최초의 여류 장편소설로 꼽히는《겐지 모노가타리》는 주인공 히카리 겐지光源氏가 궁중 속에서 일어나는 사랑과 풍류, 권력과 음모 등을 섬세하게 묘사한 장편소설이다. 겐지는 천황의 총애를 받은 후궁 기리쓰보의 여관女官에게서 태어난, 용모가 뛰어난 왕자였다. 그는 그를 낳고 바로 죽은 어머니 때문에 화려한 여성 편력에 나선다. 그 와중에 황후와 정을 통해 몰래 아이를 낳기도 하고 나중에 똑같은 일을 당하기도 한다. 이렇듯 정치 권력의 소용돌이 속에서 사랑이라는 변함없는 주제를 견지한 까닭에 지금도《겐지 모노가타리》를 접하는 사람들에게 공감을 자아낸다.

이외에도 〈필로우 북〉이라는 영화로 만들어진《마쿠라노쇼시枕草子》를 쓴 세이쇼 나곤清少納言 등 여러 여성 작가가 있었다. 무라사키 시키부와 세이쇼 나곤은 당시 치열한 권력 투쟁에서 반대의 입장에 서 있던 경쟁자이기도 했다.

"세이쇼 나곤은 잘난 척하면서 거들먹거린다. 한문을 끼적거리면서 자랑하고 돌아다니지만 아직 멀었어."

이것이 경쟁자인 세이쇼 나곤에 대한 무라사키 시키부의 평가였다. 또한 세이쇼 나곤의 외향적인 성격과 무라사키 시키부의 내향적인 성격이 드러난 말이기도 하다.

그러나 대중들이 이토록 성의 환희를 만끽하고 있었지만 천황이 사는 궁중에서는 그렇지 못했다. 우네메采女라고 불리는 궁녀들은 천황의 총애를 받지 못하면 바깥 세계와 달리 성의 즐거움을 느낄 수 없었다. 그러나 일단 천황의 총애를 받으면 모든 것이 달라졌다.

그리고 우네메 출신일 것으로 추측되는 오노노 고마치小野小町을 빼놓을 수 없다. 그녀는 최고의 여류 시인이며 많은 남자들을 울린 절세의 미녀이기도 했다. 예를 들어 고마치가 절에 참배를 하러 갔을 때의 일로 같은 시인이며 승려인 헨죠遍照와 나눈 시가 있는데, 그 내용은 고마치가 날이 추워서 밤에 덮을 옷을 빌려달라고 노래하자 헨죠가 한 벌밖에 없는 옷을 빌려줄 수 없으니 함께 자자고 응수했다. 이는 그들이 평소 가지고 있는 생각을 읽을 수 있는 좋은 예라고 할 수 있다.

정치적으로 가장 돋보이는 여자는 단연 호조 마사코北條政子, 1157~1225이다. 마사코는 귀족정치를 종식시키고 본격적인 무사 정권인 가마쿠라 막부를 연 미나모토 요리토모源賴朝, 1147~1199의 아내이다.

마사코에 대한 인물평은 매우 가혹한 편이다. 질투심이 강하고 남을 용서할 줄 모르는 여자로 묘사되어 있기 때문이다. 그러나 부모의 강한 반대를 뿌리치고 당시 보잘 것 없었던 미나모토를 선택한 안목은 탁월했다. 훗날 가마쿠라 정권은 3대에서 막을 내리고 그 뒤를 이어 호조 집안이 권력을 장악했기 때문이다. 그러니까 마사코는 지방 귀족이었던 집안을 당대 최고의 세도가로 성장시킨 주역이었다.

마사코에게 유명한 일화가 있다. 천황가와 가마쿠라 정권의 충돌이 벌어졌을 때 많은 무사들은 천황에게 복종해야 한다는 심리적 갈등을 겪고 있었다. 이때 병약한 아들을 대신해서 마사코가 전면에 나서 무사들에게 사자후를 토했다. 이에 용기를 되찾은 무사들은 그들의 정권과 권리를 지킬 수 있었다. 이후 사람들은 그녀를 마사코 쇼군將軍이라고 불렀다고 한다. 여기서 쇼군은 막부를 다스리는 최고 권력자를 의미한다.

이외에도 일본 역사에는 수많은 여성들이 등장한다. 여기서는 비슷한 시기에 살았던 몇 명의 여자를 통해 당시 여성들의 지위와 그들이 꿈꾸었던 생활을 살펴보자.

일본 최고의 여류 작가 – 무라사키 시키부

무라사키 시키부紫式部는 일본 역사상 가장 뛰어났던 여류 작가이다. 그러나 그녀의 생몰 연대와 본명은 알려져 있지 않다. 약 45년 정도의 삶을 향유한 것으로 추측된다.

무라사키 시키부는 중급 관료의 딸로 태어났다. 그러나 한학漢學 실력만큼은 인정받는 뛰어난 학자였다. 그리고 외가 쪽으로 《마쿠라노소우시枕草子》를 쓴 세이쇼 나곤을 비롯한 뛰어난 여류 문인이 많았다. 단순히 혈통만으로 본다면 무라사키 시키부가 일본 역사상 가장 뛰어난 여류 작가가 될 소지는 충분히 입증되는 셈이다.

거기에 아버지가 딸에게 한학을 비롯한 다양한 교양을 가르치면서 아버지조차 무라사키 시키부가 아들이 아니라는 사실을 한탄할 정도로 그녀는 명민했다. 물론 그녀의 학문에 대한 열정도 한몫했다. 《겐지 모노가타리》에 등장하는 다양한 인용문은 그녀의 깊은 교양을 보여주는 좋은 예이다.

무라사키 시키부의 인생유전을 보면 그녀가 작가의 길을 택할 수밖에 없는 사실에 수긍하게 될 것이다. 먼저 어머니의 죽음은 집안의 화목함을 앗아갔다. 그리고 20대에 겪은 사랑하는 사람과의 이별이 있다. 무라사키 시키부가 사랑했던 남자를 차지한 것은 그녀의 언니였다. 어머니도 없이 아버지를 모시고 살면서 함께 지낸 자매의 정은 흔히 볼 수 있는 것이 아니었을 것이다.

무라사키 시키부가 27살이 되었을 때 아버지는 지방의 수령으로 임명되었다. 남동생을 교토에 남기고 부녀는 그곳으로 갔다. 그곳에서 무라

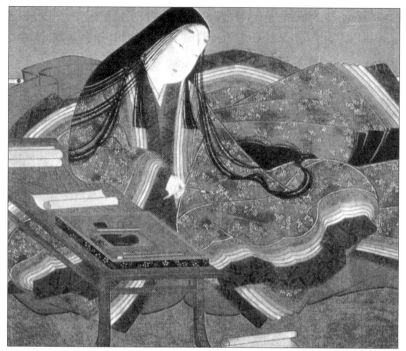

무라사키 시키부(紫式部)의 초상화

사키 시키부는 청혼을 받게 된다. 후지와라 노부타카藤原宣孝라는 40대 중반의 중년 남자였다. 그에게는 이미 여러 명의 자식이 있었고 여자관계가 복잡하기로 소문난 남자였다.

　무라사키 시키부는 오랜 망설임 끝에 결혼을 결심하고 혼자 도쿄로 돌아와 결혼을 하고 가타이코賢子라는 딸을 낳았다. 그러나 딸이 태어나자 남편의 발길은 뜸해지고 그녀의 가슴에는 고독과 초조함만이 가득 찼다. 무라사키 시키부가《겐지 모노가타리》를 집필하기 시작한 것도 이때쯤이었다. 그녀의 마음을 다잡아 줄 수 있는 탈출구는 아마 글이었을 것이다.

"억새에 매달려 있는 이슬은 시들어가는 들판에 아직 남아."

이 글은 당시의 심정을 노래한 시로 자기를 찾지 않는 남편에 대한 원망과 이슬로 남아 있는 그리움을 노래한 것이다. 무라사키 시키부의 결혼 생활은 채 3년도 되지 않아 끝이 났다. 남편이 당시 유행한 역병에 걸려 세상을 떠났기 때문이었다.

아버지는 이미 임기가 끝나 집으로 돌아와 있었고 무라사키 시키부 역시 남편을 잃고 집으로 돌아갔다. 집안은 여전히 쓸쓸하고 황량한 분위기를 연출하고 있었다. 이미 언니는 세상을 떠났고 결혼 생활에도 실패한 그녀에게 남은 것은 거의 없었다. 글만이 그녀에게 황량함을 벗어나게 해주는 유일한 방법이었다. 그리고 이미 그녀의 글은 많은 사람들에게 읽혀졌고 그와 함께 그녀의 이름도 유명해졌다. 그런데 그녀의 삶을 뒤흔드는 일이 생겼다. 이 역시 그녀의 글과 연관이 있었다.

당시의 최고 권력자는 후지와라 미치나가藤原道長, 966~1027였다. 미치나가는 다른 정적들을 모두 물리치고 집안싸움에서 승리해 그야말로 최고의 실세가 된 사람이었다. 천하의 제일 권력자가 된 후지와라 미치나가는 이전의 다른 권력자들이 그랬던 것처럼 황후를 강제로 내쫓아 비구니로 만들고 자기 딸을 그 자리에 앉혔다. 그녀가 쇼시彰子라는 여자였다.

그런데 선황후의 주위에는 세이쇼 나곤을 비롯한 뛰어난 작가들이 있어서 세간의 화제를 모았다. 미치나가는 이에 대항하기 위해 각종 예술품과 재능 있는 여자들을 새로 황후가 된 자기 딸인 쇼시의 주위에 모으기 위해 노력했다. 이때 미치나가의 눈에 걸려든 것이 무라사키 시키부였다.

무라사키 시키부는 사교적인 인물도 아니고 폐쇄적인 기질까지도 있었지만 황량한 집에서 벗어나기 위해 미치나가의 뜻에 따르기로 하고 궁중으로 들어갔다. 그때의 나이가 36살이었다. 쇼시는 그에 절반에 해당하는 18살이었다. 황후 주위의 여자들이 맡은 일은 식사, 화장, 방문객의 접대, 편지의 대필, 이야기 상대 등이었다. 무라사키 시키부가 맡은 일은 고전 한학을 강의하는 일이었다. 일종의 가정교사였던 셈이다.

그러나 그녀는 여자들만이 모여 있는 궁중 생활에 적응하지 못하고 일주일 만에 집으로 돌아오고 말았다. 그녀가 살아왔던 환경과 너무나 달랐기 때문이었다. 그러나 쇼시가 그녀를 좋아해 그 후에도 계속 궁중을 드나드는 일을 계속 하면서 《겐지 모노가타리》의 완성을 보게 된다.

《겐지 모노가타리》의 기본 줄거리는 히카리 겐지光源氏라는 주인공의 일대기로 당시 권력자인 미치나가를 암암리에 비판하는 구도로 이루어져 있다. 이로 인해 무라사키 시키부는 미치나가의 분노를 사게 된다. 그러나 직접적인 원인은 쇼시였다.

당초 미치나가의 구상은 쇼시가 대를 이를 사내아이를 낳으면 곧바로 천황을 폐위하고 또 다른 자기 딸을 그에게 시집보내는 것이었다. 그렇게 되면 그의 권력은 누구도 넘볼 수 없는 경지에 이를 수 있었다. 그런데 쇼시가 이를 반대하고 나선 것이다. 그녀는 무라사키 시키부의 교육 덕분으로 세상의 이치를 알게 되었고 아버지의 무모한 음모에 반기를 들고 나섰다. 미치나가는 분노의 대상으로 무라사키 시키부를 찍었다.

그녀는 궁중의 일을 그만둘 수밖에 없었다. 그리고 얼마 지나지 않아 세상을 떠났다. 한 여인의 곡절 많은 삶과 한탄이 막을 내린 것이다. 하지만 그녀가 남긴 족적은 역사 위에 뚜렷하게 남아 있다. 유네스코가 뽑은 '세계의 위인'에 무라사키 시키부의 이름이 있다. 일본인으로는 유일하게 선정된 사람이다.

천황과의 비극적 사랑 – 고고우 츠보네(小督局)

당시 다카쿠라高倉, 1161~1181 천황은 허수아비였다. 당시의 최고 권력은 다이라平씨 집안이 쥐고 있었고 당시의 실력자는 다이라 기요모리平清盛, 1118~1181였다. 다카쿠라의 어머니는 기요모리의 처제였고 그의 아내는 기요모리의 딸인 도쿠코德子였다. 기요모리의 권력욕으로 인해 8살에 즉위한 꼭두각시였던 것이다. 그의 인생은 이미 예정되어 있었다. 모든 것은 기요모리의 결정에 따라야 했다.

젊은 천황은 깊이를 알 수 없는 상실감으로 인해 궁중에서 심부름을 하던 여자에게 마음을 주기도 했지만 그 어디에도 그를 진심으로 이해해 주는 사람이 없었다. 대외적으로는 만인지상의 자리인 천황이지만 자기 뜻대로 할 수 있는 것은 아무 것도 없었다. 그가 해야 할 일은 아들을 낳는 것이었다. 이는 기요모리의 뜻이었다.

다카쿠라가 우울해 하자 주위에서 거문고를 잘 타는 여자를 불러와 천황의 흥을 돋우려 했다. 그녀는 고고우라고 불리는 거문고의 명수로 절세미인이었다. 그야말로 운명적인 만남이었다. 천황은 음악과 흠뻑 취했고 더불어 고고우에게도 흠뻑 빠졌던 것이다.

그런데 고고우를 좋아하는 남자가 있었다. 그는 다름 아닌 기요모리의 사위였다. 이들은 고고우가 궁중에 들어가기 전에 연인 관계였다. 그

우산을 같이 쓰고 눈이 온 길을 걷는 남녀. 鈴木春信

는 고고우가 천황의 총애를 받고 있음에도 불구하고 그녀에게 접근해왔다. 그러나 고고우는 이미 다카쿠라 천황의 총애를 받는 애첩의 자리를 넘어 그를 사랑하는 연인이 되어 있었기 때문에 매몰차게 거절했다. 천황은 비로소 자기의 고독한 영혼을 어루만져주는 여인을 만난 것이다.

이 사실은 곧 기요모리의 귀에 들어갔다. 기요모리의 분노는 하늘을 찌를 듯했다. 두 사위가 한 여자를 사랑하고 있다는 사실은 그래도 참을 수 있었다. 그러나 천황과 자기 딸 사이에 아들이 생겨야 하는데 그것이 차질을 빚고 있는 것은 참을 수가 없었다.

"기분 나쁜 여자다. 끌어내 죽여라."

고고우는 이 사실을 알고 재빨리 궁중을 떠나 몸을 숨겼다. 기요모리는 화풀이로 천황 주위의 사람들을 모두 내쫓았다. 천황은 고립되었다. 거기에 사랑을 잃은 아픔과 상실감으로 인해 멍하게 하루를 보내는 날이 많았다. 달이 휘영청 아름답게 빛을 내는 밤이었다. 천황은 예전에 고고우와 함께 음악을 연주하던 악사를 불러 말했다.

"오늘처럼 달이 밝은 날이라면 고고우도 거문고를 뜯을 것이다. 사가嵯峨 어디쯤에 있다고 했으니 네가 가서 그녀를 데리고 오너라."

악사는 사가로 달려갔다. 천황의 말처럼 고고우는 몸을 피하고 있는 신분이면서도 거문고를 뜯고 있었다. 악사는 그 소리를 따라 그녀를 찾아내 천황의 말을 전했다. 천황의 안위를 걱정하는 고고우는 몇 차례나 천황의 부름을 거절했다. 그러나 사랑에는 장벽이 있을 수 없다. 남의 눈에 띄지 않게 궁중으로 들어온 고고우는 밤이 되면 우는 새처럼 어둠 속에서 천황과 사랑을 속삭일 수 있었다. 말하자면 금지된 사랑이었던 것이다.

사랑이 있으면 결실이 있는 법이다. 그들 사이에서 딸이 태어났다. 그로 인해 모든 사실이 백일하에 드러나고 말았다. 분노한 기요모리는 고고우를 사로잡아 머리를 깎아 비구니로 만들었다. 그때 고고우의 나이는 23살이었다. 천황 역시 더 이상 미련을 가질 수 없었다.

그로부터 얼마 지나지 않아 기요모리의 딸은 아들을 낳았다. 기요모리는 그 아이가 2살이 되자 천황을 폐위하고 외손자를 천황의 자리에 앉혔다. 다음 해에 다카쿠라 천황은 짧은 생애를 마감하고 세상을 떴다. 그로부터 20 몇 년이 지나고 기요모리는 물론이고 다이라 집안은 멸망했고 미나모토源씨가 권력을 차지했다. 그러나 고고우는 여전히 살아 다카쿠라 천황의 명복을 빌며 조용히 살았다.

🌼 부귀와 허무의 두 얼굴 – 기오

기오祇王는 어릴 때 아버지를 여의고 매우 불우하게 성장했다. 그녀의 어머니는 딸이 춤에 소질을 보이자 시골에서 교토로 상경해 딸을 당시에 유행하던 시라뵤우시白拍子로 만들었다. 시라뵤우시는 헤이안 말기에 유행한 가무의 일종으로 춤을 추는 유녀를 가리키는 말이었다. 즉 술자리가 벌어지면 그곳에 나가 춤을 추어 수입을 챙기는 여자들이었다.

당시 기오의 나이는 18살로 얼굴도 예쁘고 춤도 잘 추었기 때문에 금세 유명해졌다. 당시는 다이라 기요모리가 천하 최고의 권력자가 되었을 때였다. 기요모리는 술좌석에서 춤을 추는 기오를 보고 한눈에 반해 첩으로 삼았다. 그리고 매월 쌀 100석과 은 100관을 주었고 대저택을 마련해 어머니를 모시고 살 수 있게 해주었다. 삶의 모든 것이 바뀌었다. 다이라 기요모리는 당대 최고의 권력자였다. 여염집 여자를 포함해서 많은 여자들이 기오의 신세를 부러워했다.

기요모리는 기오가 원하는 것이면 뭐든 들어주었다. 기오의 고향 마을에 물이 모자라 매년 농사가 힘들다는 사실을 알고 대공사를 해서 물길을 돌려주기까지 했던 것이다. 기오는 세상에 부러울 것 하나 없는 여자가 되었다. 그래서 불을 보고 뛰어드는 부나방처럼 기오의 뒤를 이어 부귀를 얻기 위해 시라뵤오시가 되는 여자가 뒤를 이었다. 그렇게 3년이 지났다.

그 무렵 또 하나의 뛰어난 시라뵤오시가 나타났다. 그녀의 이름은 호토케佛로 16살이었다. 그녀 역시 기오처럼 용모도 아름답고 가무에도 뛰어났다. 그녀 역시 얼마 지나지 않아 유명인이 되었다.

어느 날 그녀는 당돌하게도 기요모리의 집을 찾아왔다. 원래 시라뵤오시는 부름을 받고 오는 것이 관례였다. 그런데 부름도 없었는데 최고 실력자인 기요모리의 집을 찾아온 것이다.

"여기가 어디라고, 부르지도 않았는데 왜 찾아온 거야. 게다가 여기에 기오도 있는데. 신인지 부처인지는 모르지만 돌려보내."

이때 기오가 기요모리에게 말했다.

"무단으로 찾아오는 것은 노는 여자들의 짓이에요. 하지만 호토케는 아직 나이도 어리고 아마 생각이 짧아서 그랬을 거예요. 그런데 이렇게 매정하게 돌려보내시면 얼마나 가슴이 아프겠어요. 춤을 보거나 노래를 듣지 않더라도 얼굴이라도 한번 보고 돌려보내요."

기요모리는 기오의 얼굴을 물끄러미 쳐다보다가 가신에게 호토케를
다시 불러들이라고 명령했다.

"원래 너를 만날 일이 없었지만 기오가 간절히 부탁을 하니 너를 불러
들였다. 이렇게 왔으니 노래나 한번 해보거라."

"당신을 처음 보니 천 년이나 지난 작은 소나무와 같고,
당신의 연못인 가메오카龜岡에 학이 무리를 지어 놀고 있노라."

호토케는 이런 노래를 세 번 연달아 불렀다. 당신을 만나니 작은 소나
무와 같은 나는 너무나 기뻐 수명이 천년이 늘어난 듯하고, 신선이 산다
는 가메오카 봉래산에 많은 학이 내 기쁨을 맛보듯 무리를 지어 놀고 있
다는 의미였다. 그곳에 있던 사람들은 노래를 잘 듣기 위해 숨소리 하나
내지 않았다. 그만큼 노래를 잘했다.

"참으로 노래를 잘하는구나. 어디 춤도 추어보아라."

춤을 추는 호토케의 머리칼이 휘날리고 춤사위 하나하나가 보는 이의
마음을 사로잡았다. 거기에 얼굴까지 예뻤다. 가만히 호토케를 지켜보던
기요모리는 생각을 굳혔다.

"이제부터 내 옆 자리에 앉아라."

두 여자의 얼굴에 긴장감이 감돌았다.

"그럴 수는 없습니다. 제가 이 자리에 서게 된 것은 전적으로 기오님
의 덕분입니다. 더구나 기오님이 여기에 계신데. 말씀을 거둬주십시오."

"그런 것은 아무래도 좋아. 기오가 마음에 걸린다면 기오에게 나가라
고 하면 돼."

"그럴 수 없습니다. 기오님의 마음을 헤아려 주십시오. 그렇다면 다른
날 부르시면 그때 오겠습니다. 오늘만은 그냥 돌아가게 해주십시오."

무사의 집에 초대를 받은 무용수의 춤을 보고 있는 부녀자들. 宮川長春

그러나 기요모리는 듣지 않았다.

"그럴 필요 없다. 뭐하느냐, 기오를 집에서 쫓아내라."

참으로 어처구니없는 일이 벌어진 것이다. 기오는 모든 것이 호토케를 불러들인 자기 책임이라고 자책을 했지만 한편으로 기요모리와 호토케에 대한 배신감을 지울 수가 없었다. 그냥 호토케를 돌려보냈다면 이런 일은 없었을 텐데. 더구나 그녀에게 보내오던 월 쌀 100석과 은 100관은 호토케의 집으로 보내졌다. 그야말로 낙원에서 나락으로 굴러떨어진 셈이다. 게다가 기오를 더욱 절망스럽게 만든 일이 있었다. 기요모리가 버렸다는 것을 들은 많은 남자들이 치근덕거리기 시작한 것이었다.

이렇게 슬픔의 나날을 보내고 있던 어느 날 기요모리가 사람을 보냈다.

"호토케가 심심해 하니 네가 와서 여흥을 좀 돋우어주면 좋겠다."

불난 집에 부채질하는 격이었다. 기오는 죽을 결심을 했다. 여동생도 언니가 죽으면 같이 죽겠다고 했지만 어머니가 반대했다.

"네가 기요모리님의 명령을 거절하면 우리는 여기서 쫓겨나게 될 것이다. 나는 시골에서 살기 싫다. 네가 이 세상 마지막 효도라고 생각하고 나를 여기서 살게 해다오."

기오는 어쩔 수 없었다. 자기 목숨이야 어떻게 되든 상관이 없지만 어머니는 그렇지 않았다. 아버지도 없이 자기를 키우기 위해 얼마나 고생했는지 잘 알고 있었다. 기오는 기요모리의 집에 갔다.

"오래간만에 왔으니 노래나 불러 보거라."

기오는 눈물을 흘리며 노래를 불렀다.

"부처도 예전에는 범부였고, 우리도 언젠가 부처가 되리,

불성佛性을 지닌 몸을 구분하는 것이 슬플 뿐이네."

모두 부처가 될 수 있는 몸인데 범부와 부처로 나누는 것이 슬프다는 의미로 부른 것이다. 이를 듣고 울지 않은 사람이 없었다. 기요모리도 더 이상 기오를 놀리지 않고 집으로 돌려보냈다.

집으로 돌아온 기오는 비구니가 되기로 결심했다. 그때 나이가 21살이었다. 어머니와 여동생도 머리를 깎고 기오의 뒤를 따랐다. 그들은 인적이 드문 산속에 암자를 마련하고 그곳에서 정성을 다해 염불을 했다. 그렇게 1년이 지나가고 다시 가을이 되어 공기는 맑고 바람은 싸늘해졌다. 그들은 여전히 지성을 다해 염불을 하고는 있지만 계절이 변할 때마

다, 석양이 질 때마다 눈가에 고이는 눈물은 어쩔 수 없었다.

그날도 언제나처럼 석양을 보며 눈물을 닦고, 밤이 되자 사립문을 닫고 밖에 걸어놓은 등을 끈 후 법당에 모여 밤 예불을 드리고 있었다. 사립문을 두드리는 소리가 들려왔다. 세 모녀는 깜짝 놀랐다. 워낙 인기척이 드문 곳이고 더구나 밤이 깊었기 때문이었다.

조심스레 문을 열자 모자를 깊이 눌러쓴 여자가 하나 서 있는 게 아닌가. 호토케였다.

"여기까지 어떻게 왔어요?"

"만나고 싶었어요. 기오님의 은혜를 입었음에도 기오님이 제 앞에서 노래를 부르게 만들고, 은혜를 원수로 갚고, 기오님이 머리를 깎았다는 말을 들었어요. 모든 것이 저 때문이지요. 그래서 생각했어요. 현세의 영광은 꿈속의 꿈일 뿐이라고. 가을이 오면 낙엽이 지게 마련이지요. 우리 인생도 그럴 거예요. 그래서 오늘 아침 몰래 집을 빠져나왔어요."

호토케는 말과 함께 모자를 벗었다. 그녀의 머리는 기오의 그것과 다를 것이 없었다. 가을바람이 그들의 머리를 쓰다듬고 지나갔다. 땅 위로 그들에게서 떨어져 나온 눈물이 흩어지고 있었다.

"비록 기오님에게 죄를 지은 몸이지만 저를 받아주세요."

여성들의 삶이 때로 기구한 것은 이렇게 운명을 스스로 결정할 수 없기 때문이다.

제6장

월경과 출산

월경을 가리키는 말

일본 여성들 사이에는 월경에 대한 많은 단어가 사용되고 있다. 가장 일반적인 것이 '월경月經'으로 원래는 달의 규칙이라는 의미를 지니고 있다. 그 다음으로 많이 쓰이는 말은 '메구리巡ʃ'인데 좀 품위가 느껴지는 말이다. 메구리는 '한 바퀴를 돈다' 또는 '규칙적으로 돌아온다'는 의미를 지니고 있다. 또한 '아카네손케'라는 말이 있는데 '붉게 물든다'라는 의미이다. '게신'은 매달 나타나는 사자나 알림이라는 의미이고 '사쿠'는 단순히 의무라는 뜻만 지니고 있는데 게신과 사쿠는 별로 쓰이지 않는다.

일본인은 여자의 경우 16세를 '하카키破瓜期'라고 부른다. 오줌으로 참외瓜를 쪼갤 수 있는 나이라는 뜻이다. 성을 빗댄 농담이다. 유럽의 세르비아 사람들도 무리를 지어 춤을 추면서 '쪼개진 참외'라는 노래를 부르기도 한다. 16세는 여자아이가 초경을 경험하는 나이라고 생각하기 때문이었다.

일본에서 사용되는 월경을 의미하는 말은 일본 여성이 생리를 할 때

(좌에서 시계 방향으로) 서 있는 미인, 유녀와 가무로[남신(男神)의 하나], 천을 접고 있는 미인.

흐르는 혈액을 매우 불결한 것, 어쩌면 몸속에서 가장 불결한 배설로 여기고 있다는 증거가 된다는 의견도 있다. 그래서 이 배설이 여성의 몸에 정화의 성질을 지니고 있다는 생각은 어디에서도 찾아볼 수 없다.

그러나 역사를 살펴보면 월경 중인 여자가 불결하다고 생각한 것은 나라 시대부터였다. 고대의 풍습은 그렇지 않았다. 오히려 첫 월경을 하게 되면 마을 전체가 축하했다. 실제로 시즈오카静岡에서는 여자아이가 첫 월경을 하게 되면 "첫 번째 꽃이 핀 것을 축하합니다"라는 말과 함께 쌀이 2~3홉 들어 있는 주머니를 선물로 주었다. 다른 지방 역시 크게 다르지 않았다. 첫 월경을 경험한 여자아이가 월경 중인 여자를 격리시키기 위한 집에서 돌아오면 마을 사람들이 모여 성인이 되었음을 인정하고 축하해주었던 것이다.

이렇게 첫 월경을 축하하는 행위는 매우 오래된 관습이다. 고대 일본인의 생각에서는 월경이 불결하다는 의식은 전혀 찾아볼 수 없다. 월경을 불결하다고 생각하게 된 것은 불교의 영향 때문이었다. 사회가 불교와 유교의 영향 아래에 놓이게 되면서 여성에 대한 지위의 하락과 더불어 여성이면 누구나 경험하는 고유 행위인 월경도 불결한 것으로 전락하게 되었던 것이다.

 # 월경 때 해서는 안 되는 것들

월경 중인 여자에 대한 터부는 세계적인 현상이다. 일본도 예외가 아니어서 월경 중의 여성에 대한 금지 조항이 있는 지방이 많이 있다. 예를 들어 과격한 노동을 하지 않기, 목욕을 하지 않기, 성행위를 피하는 것 등 다양한데 연극은 보러 가도 괜찮다고 한다. 그렇다고 금지 조항이 엄격하게 지켜진 것 같지는 않다.

일본 여성은 월경 때에 청결을 유지하려고 노력한다. 그를 위해 몇 장의 얇은 종이를 사용한다. 그들은 항상 여러 가지 목적을 위해서 종이를 많이 가지고 다니는데 둥글게 말아서 편도나무 열매나 호두 크기의 공을 만들어 필요할 때마다 질 속에 넣는다. 예를 들어 월경 중에 연극을 보러 간 부인이 있다고 하면 화장실에서 몇 번이고 위와 같은 일을 되풀이한다.

그녀는 삽입한 종이 공에 언제 혈액이 스며드는지를 잘 알고 있다. 그리고 그때 새로운 종이를 둥글게 만들어 질 속에 넣는다. 월경 중에 소비하는 종이의 양은 통상 120장에서 240장으로 여성은 그 양에 의해 진행 상태와 출혈의 과다 여부를 판단할 수 있다.

월경의 기간이 짧은 것은 건강하다는 징표로 받아들이지만 색이나 농도, 경우에 따라서 섞여 있기도 한 혼합물에는 거의 관심을 가지지 않았다. 또한 종이 공을 정확한 위치에 넣기 위해 여성들은 언제나 허리 주위에 두르고 있는 천 대신에 정교하게 만들어진 T자 띠를 두른다. 그 띠를 '코마小馬'라고 부른다. '작은 말'이라는 뜻이다.

한편 여성은 혈액의 유출이 끝났다는 것을 알게 되면 욕탕에 들어가 다른 옷으로 갈아입고 T자 띠를 다시 두른다. 소녀들은 어릴 때부터 이 규칙과 과정 전체를 잘 인지하고 있다. 그것은 그들보다 나이가 많은 처녀나 어른들의 대화를 항상 듣기 때문이다.

월경과 관계된 신앙

　일본인들은 월경의 피가 불결할 뿐만 아니라 감염도 된다고 믿었다. 이 믿음은 비단 일본인에 국한되지 않는다. 비교적 최근까지 대부분의 민족들은 월경을 터부의 대상으로 삼았다. 그 까닭은 월경이 불결함으로 상징되었기 때문이었다. 그래서 그 불결함이 다른 사람에게 감염되지 않도록 월경 중인 여자의 행동에 제한을 가하는 터부가 생겨났다.

　우간다에서는 월경 중인 여자가 만진 냄비는 부수게 되어 있다. 그러나 창과 방패는 잘 닦으면 된다. 인디언은 월경 중인 여자가 만진 접시나 컵 등을 어떤 특정한 주술로 정화시키지 않는 한 사용하지 않았다.

　다른 인디언들은 월경 중인 여자에게 남자가 쓰는 도구를 만지지 못하게 금지시킨다. 월경 중인 여자가 만져서 더러워진 도구를 그대로 사용하면 재앙과 불운이 덮쳐온다고 한다. 또한 자기 손으로 머리를 비롯한 몸을 만지지 못하게 하는 민족도 있다. 예를 들어 견딜 수 없이 몸이 가려운 경우에는 막대기를 사용해야 한다.

　또한 월경 중인 여자가 불안과 공포를 느끼고 있을 것으로 생각해 다른 사람과 격리시키거나 안정을 취할 수 있는 제한을 주기도 했다.

　일본에도 월경과 연관된 믿음이 많이 있다. 예를 들어 한 여자가 화장실에 갔다 온 뒤 월경을 하고 있지 않은 여자가 가면 월경이 예정일보다 빨리 진행될 수도 있다는 것이다. 만약 여성이 월경 중에 머리를 감게 되면 그녀는 열 때문에 죽게 된다고 전해진다. 또한 월경의 개시를 앞당기기 위해서는 바늘에 붉은 실을 꿰어서 그 침을 화장실 벽에 찌른다. 월경을 늦추기 위해서는 팥 세 알 위를 가랑이를 벌리고 지나가거나 경계를 이루고 있는 해안선의 좁은 길을 가랑이를 벌리고 지나가는 것이 좋다고 한다. 또한 팥을 삼키는 것도 동일한 효과가 있다고 전해진다.

붉은색을 가진 물고기나 대구포는 월경으로 인한 고통에 좋은 치료제로 인정받고 있다. 램프의 심지를 물에 섞어 마시는 것은 월경 때 가장 유효한 지혈제라고 생각했다. 처음으로 월경을 했을 때 여자는 가랑이를 벌리고 화장실 입구를 세 번 지나간 후, 노래를 부른다. 그것은 주문의 노래라고 생각된다.

옷을 갈아 입는 미인. 喜多川歌麿

달에 한 번

3일

아와시마다이메이신淡島大明神

즉 한 달에 한 번, 3일 동안을 의미하고 아와시마다이메이신은 아와지마의 신을 가리킨다. 아마도 이 신은 월경이나 출산과 관련이 있어서 월경의 미신으로부터 보호받기 위해 그런 노래를 불렀을 것이다.

유산을 하는 것은 악령이 그 사람을 좋아해서 몸속에 깃들어 있기 때문이라고 생각했다. 통계에 따르면 건강한 일본 여성은 월경을 3일 또는 4일 동안 한다고 한다. 입원을 필요로 하는 사람의 경우는 당연히 이보다 길다. 민요 가운데 처녀가 애인에게 월경 중에 당신은 기뻐해서는 안된다고 한탄하는 대목을 보면 월경 기간은 7일이다. 사람들은 신중하게 그 길이를 계산했다. 그것은 월경의 기간이 길어지거나, 간격이 짧아지는 등 불규칙적으로 진행되면 병의 징후라고 생각했기 때문이다.

 ## 월경혈에 대한 생각의 변화

그렇다면 일본인들의 월경 때 흐르는 피에 대한 생각은 어떻게 변해왔을까. 이는 여성의 사회적 지위와도 밀접한 연관이 있는 것으로 보인다. 처음에는 남녀가 평등했지만 차츰 월경혈月經血을 매개로 해서 점차 여성 비하로 전개되기 때문이다. 먼저 고대의 일화를 먼저 살펴보자. 《일본서기》에 야마토타케루의 이야기가 나온다.

야마토타케루倭健가 동쪽 정벌을 끝내고 오와리尾張에 있는 나라로 돌아와 혼약을 약속한 미야즈히메美夜受比賣를 찾아갔다. 미야즈히메는 식사를 준비하고 술잔을 바쳤다. 그때 야마토타케루는 미야즈히메의 옷에 월경혈이 묻어 있는 것을 보았다. 그리곤 "나는 너를 안고 자려고 했는데 옷자락에 달이 나와 있네"라고 노래했다.

그러자 미야즈히메는 "새로운 해가 오고 지날 때마다 새로운 달이 오고 지나갑니다. 당신을 기다리고 있었던 것처럼 내가 입고 있는 옷에 달도 나와 있는 게지요"라고 대답했다. 두 사람은 결혼했다.

이 이야기 어디에도 월경혈을 부정시하는 생각은 찾아볼 수 없다. 그저 월경혈을 하나의 현상으로 보고 있을 뿐이다. 그런데 927년에 작성된 《엔키시키》를 보면 더럽고 불결한 것으로 가축의 죽음과 더불어 피가 추가되었다. 그래서 월경 중인 여자, 출산 후 7일 동안의 여자, 출산할 가능성이 있는 여자, 그리고 임신 4개월 이후에 유산한 여자는 그 후 30일 동안, 임신 3개월 이내에 유산하면 7일 동안 제단 근처에 오는 것을 금지했다. 하지만 여성을 비하하는 단계에는 이르지 않았다. 다만 특정한 기간 중에 부정하다고 생각되는 여성을 신성한 것과 격리시켰을 뿐이다.

일본에서 여성이 부정하다고 생각하게 된 결정적인 계기는 여성 차별의 대표적인 경전으로 불리는 《혈분경血盆經》이 일본 전역에 전파되기 시작하면서부터이다. 《혈분경》은 10세기 이후 중국에서 만들어진 것으로 14세기경 일본으로 수입되었다. 원래 《혈분경》은 신성한 때에 이를 더럽히는 행위에 대한 경계를 목적으로 만들어졌는데 이것이 일본으로 들어와 여성 비하의 수단으로 활용되었다.

《혈분경》의 논리는 이렇다. 여성이 출산을 할 때 피를 흘려 대지의 신을 더럽힌다. 그리고 피로 더럽힌 옷 등을 강에서 빨면 하류의 물이 더럽혀질 것이다. 하류의 사람들이 이 물을 퍼서 차를 끓여 신에게 바치면 신을 더럽히는 결과가 된다. 여자는 이처럼 죄를 범하기 때문에 귀천의 상

목욕탕 전경. 鳥居淸長

하를 막론하고 죽으면 모두 피의 연못에 떨어져 고통을 받게 된다. 그러나 《혈분경》을 믿고 매일 밤 낭송을 하면 그 죄에서 벗어나 극락왕생할 수 있다.

이와 같은 논리는 생리혈이라는 부분 부정에서 여성 자체를 전체 부정하는 쪽으로 변화된 것이다. 이런 사고를 바탕으로 월경혈이 부정적인 것이 아니라 여성이 죄 많은 존재이기 때문에 그 결과로 매달 여성들의 몸에서 피가 흘러나온다는 생각으로 뒤집힌다.

그러나 도쿠가와 시대에 이르러 더러움의 항목에서 출산 때 흘리는 피는 빠지고 월경 때의 피만 남게 된다. 재미있는 것은 오키나와에서는 월경혈을 오히려 신성한 것神血으로 여겼다. 그래서 신으로부터 받는 신혈이 없으면 신관이 될 수 없었다.

임신과 관계된 신앙

고대인들은 월경 중이거나 임신 중인 여자와 성관계를 맺으면 좋지 않다고 생각했다. 일본의 경우도 임신 중에 성관계를 하면 엉덩이에 파란 점이 생기거나 불구자를 낳을 수 있다는 신앙이 있다. 그런데 이때 문제가 되는 것은 남편의 성욕이다. 아프리카의 어느 부족은 임신 중에 남편이 다른 여자와 성관계를 맺으면 아이를 사산한다는 믿음이 있다. 이는 남편의 외도에 대한 엄중한 경고로 볼 수 있다.

일본에서 임신한 여자에 대한 금기는 성관계뿐만 아니었다. 그들을

방안을 엿보고 엿듣는 두 여자의 모습. 鈴木春信

일정한 장소에 격리했다. 이는 월경 중인 여자를 격리시킨 것과 다를 것
이 없다. 그러나 그 이유에 대해서는 기존의 해석과는 다른 시각이 필요
하다. 심리적인 동요를 느끼기 쉬운 월경 중인 여자나 임산부를 격리시
켜 줌으로써 정신적인 부담을 덜어주고 신성한 생명 현상을 보호하려고
했다는 것이다. 그렇기 때문에 남자는 그곳에 갈 수 없는 금기가 생겼다.

《고사기》와《일본서기》에 보면 아내의 당부를 어기고 출산 장면을 훔
쳐보다가 아내를 잃은 이야기가 나온다.

바다 신의 딸인 도요타마비메는 남편을 찾아와 말했다.
"지금 아이를 낳을 때가 되었습니다. 그런데 천신의 자손을 바다에
서 낳을 수가 없어 이렇게 찾아왔습니다."

그래서 그들은 해변에 가마우지의 날개로 지붕을 잇고 산실을 만들기 시작했다. 그런데 채 지붕을 다 잇기도 전에 산통이 찾아왔다. 도요타마비메는 고통을 참지 못하고 산실로 들어가며 이렇게 말했다.

"모든 다른 나라 사람들은 아이를 낳을 때가 되면 본래의 자기 모습으로 돌아가 아이를 낳습니다. 그래서 나도 본래의 내 모습으로 아이를 낳으려고 합니다. 그러니 제 모습을 보지 말아 주세요."

그러나 도요타마비메의 이 말은 남편인 호오리의 호기심을 강하게 부채질한 꼴이 되었다. 그래서 몰래 출산하는 모습을 훔쳐보다가 깜짝 놀랐다. 도요타마비메가 큰 악어가 되어 몸을 꿈틀거리는 것이 아닌가. 호오리는 너무 놀라 엉금엉금 기듯이 물러나왔다. 도요타마비메는 자기의 본래 모습을 남편에게 보인 것이 창피하기도 하고 자기 말을 듣지 않은 것에 대해 화가 났다. 아이를 낳은 그녀는 이렇게 말하며 바다로 통하는 길을 막고 돌아가고 말았다.

"나는 바닷길을 통해 늘 이곳에 오려고 했습니다. 그러나 당신이 나를 보았기 때문에 그럴 수가 없습니다."

이러한 이야기는 얼마든지 많다. 대부분 출산의 신성함을 어긴 남자에 대한 징벌을 그 주제로 삼고 있다. 물론 여기서는 다른 생물과 결혼하고 그의 정체를 알게 된다는 이류혼인담異類婚姻談이 첨가되어 있다.

아이를 출산하는 형태는 각 민족이나 지역마다 조금씩 차이를 보인다. 일본의 경우 천장에 매달아놓은 줄을 잡고 앉아서 출산을 했다는 기록이 남아 있다. 이때 임산부의 몸을 움직이지 못하게 하기 위해 두 손으

여탕의 풍경과 이를 훔쳐보는 사람. 歌川豊國

로 의자를 잡도록 시켰고 쌀가마니를 올려놓았다. 또한 지역에 따라 산옥産屋이라는 아이를 낳기 위한 집이 있어, 그곳에서 아이를 낳았다. 이때 남자는 절대로 산옥 주위를 얼씬거리면 안 된다. 아이를 낳은 뒤에 바로 집으로 돌아오는 것이 아니라 일정 기간 그곳에 머물렀다.

그런데 막부 시대에 이르러 서양의 의술이 전해졌다. 이에 영향을 받아 이불을 포개고 그 위에 베개를 올려놓은 후, 임산부를 반듯하게 눕혀 아이를 낳는 방법이 도입되었다. 차츰 재래식 방법과 서양식 방법이 혼용되다가 20세기에 들어오면서 누워서 낳는 방법이 정착되었고 오늘에 이르고 있다.

그리고 임산부 스스로가 해서는 안 되는 금기도 많이 있었다. 이를테면 임산부가 빗자루를 넘어가면 아이를 낳을 때 매우 고통스럽다는 속설이 있다. 또한 임산부가 불구경을 하면 피부에 반점이 있는 아이가 태어나기 때문에 임산부는 불구경을 해서는 안 된다. 그리고 쌍밤을 먹으면 쌍둥이를 낳게 되고 튀김, 가지, 우엉 등 투박하게 생긴 것을 먹어서도 안 되었다. 이는 예쁘고 반듯한 아이를 낳고 싶어 하는 산모의 마음이 담겨 있는 금기라고 할 수 있다.

여자 성인식

성인식은 여성이 어른이 되었음을 표시하고 인정하는 의례이다. 대개 13~17세에 성인식이 거행되었는데 나이와 관계없이 첫 월경初潮이 있고 바로 성인식을 거행하는 경우가 많았다. 월경이 성인인지 어떤지를 결정

17세기 중기의 다양한 미인도.

하는 중요한 잣대임을 보여준다. 다시 말해서 성적으로 성숙했음을 기준으로 했던 것이다.

성인이 되는 형식적인 조건은 지역마다 조금씩 차이는 있지만 대개 세 가지로 압축된다. 첫 번째는 옷을 바꿔 입고 허리띠를 매는 것이다. 두 번째는 이를 검게 물들이는 것이며 세 번째는 첫 월경을 하고 월경 중일 때 격리하는 집에서 생활하는 것이다.

나가사키長崎 지역에서는 남녀 모두 13살이 되면 11월 15일에 성인식을 거행했다. 여자아이의 경우 숙부나 숙모 등 근친자가 허리띠를 선물한다. 그러면 그 아이는 새 옷에 허리띠를 매고 씨신氏神에게 참배를 하러 간다.

시마네島根 지역에서는 여자아이가 첫 월경을 하고 월경 기간 동안 격리하기 위해 지어놓은 집으로 가면 부모들은 매우 기뻐하며 쌀과 콩으로 밥을 지어준다. 첫 월경을 성인이 되었음을 알리는 징표로 받아들였기 때문이다.

첫 월경을 경험하고 성인으로 대접받게 되면서 변하는 것이 있다. 도쿄 지역에서는 여성이 월경 기간 동안 생활하는 곳을 '타비他火 오두막'이라 불렀는데 그곳에는 식기와 재봉 기구, 일상용품이 비치되어 있었다. 그리고 나이가 많은 여자들이 몇 명 상주하며 갓 성인이 된 여자아이들이 오면 재봉과 취사 등 여성이 배워야 할 여러 일들을 가르쳤다.

제 7 장

결혼

결혼을 위한 남녀의 만남

일본이 에도 시대에 들어 유교를 국가이념으로 받아들이면서 비교적 자유로웠던 성도덕이 극도로 제한되었다. 그 대상은 주로 여성들이었다. 결혼 적령기에 이른 청춘 남녀가 마음과 마음을 열고 이야기를 나눌 수 있는 기회는 거의 없었다. 유럽처럼 젊은 사람들이 서로를 알 수 있는 기회, 예를 들면 합창이나 댄스모임, 교회와 같은 장소 등을 통해서인데 일본의 경우에는 그런 것이 존재하지 않았다.

남자와 여자를 격리하는 것은 유교적인 도덕률에 따른 것이다. 5,6살이 될 때까지는 남녀를 구분하지 않고 자유롭게 내버려둔다. 거기에는 어떤 울타리도 없다. 그런데 그 나이가 지나면 엄격하게 구분을 한다. '남녀칠세부동석男女七歲不同席'이라는 말에서 알 수 있듯이 남자와 여자가 같은 방에 앉아 있는 것조차 금지되었다.

그래서 이들을 중매해줄 수 있는 존재가 필요했다. 매파라고도 부르는 그들은 대개 늙은 여자로, 젊은 남자를 위해 신부를 찾아준다. 신부의 후보가 된 여성은 남자를 한 번 만나보고 그와 결혼을 한다. 그러나 한 번 만나는 것만으로는 서로를 제대로 파악할 수 없지만 대개는 결과가 좋다.

왜냐하면 일본에서는 다른 민족들이 일반적으로 중시하는 많은 부분을 고려하지 않기 때문이다. 겉모습이나 머리카락의 색깔, 피부색 등이 큰 차이가 나지 않는 것도 중요한 이유이다. 또한 여성에 관한 일본인의 미적 개념이 개인적이라고 하기보다 보편적인 것도 큰 이유가 된다. 개인성보다 보편성을 우선하는 것은 일본인을 특징짓는 요소 가운데 하나이다. 예비 신랑과 예비 신부는 보기에 눈에 확연히 들어오는 특별한 결점이 없는 한 결혼을 그대로 진행시킨다.

매파가 두 사람의 남녀를 만나게 해주는 것을 선을 본다고 한다. 거기에는 세 가지 종류가 있다. 하나는 청년이 매파와 함께 처녀의 집을 방문하는 것이다. 이 때 여자는 자기를 위해 찾아온 남자에게 두 잔의 차를 대접한다. 두 번째는 다리 위나 매파의 집 뜰에서 만나는 것이다. 이 만남 역시 두 사람은 아무 말 없이 침묵으로 일관한다. 세 번째는 극장의 관람석에서 만나는 것이다. 이 경우에 젊은 두 사람은 대화를 나눌 수가 있다. 물론 두 사람만 만날 수는 없다. 세 번째 경우에도 누군가가 그들 옆에서 지키고 있다.

시코쿠四國의 북서부에 있는 이요伊豫 지방에서는 달밤에 남자가 여자의 집을 찾아가 나란히 앉아 서로를 알기 위한 대화를 할 수 있다. 원래 선은 고정된 형태를 지닌 것이 아니라 상당히 자유롭고 활발하게 왕래가 있었던 것으로 생각된다.

그래서 어떤 경우에는 매파가 사랑하고 있는 남녀의 결혼을 의무적·

노래를 마친 후의 모습. 菱川師宣

형식적으로 진행시키는 경우도 있었다. 다시 말해서 이미 사랑하고 있는 남녀가 형식적 절차를 밟는다는 것을 의미한다. 그것은 남녀 쌍방의 부모를 용의주도하게 속이는 일이기도 했다.

그러나 고대 일본의 상황은 위의 것과 전혀 달랐다. 축제가 벌어지는 밤이면 우타가키歌垣라고 부르는 남녀가 모여 서로 노래와 춤을 추면서 즐기는 일이 있었다. 또한 네야도寢宿라는 장소가 있어서 젊은 남자들이 모여 처녀의 값을 정하거나 요바이夜這い를 모의하기도 했다. 또한 남녀가 교제하는 장소로도 쓰였다.

요바이는 쉽게 말해서 처녀를 훔치는 것이다. 젊은 남자는 평소 눈여겨보았던 여자의 집에 몰래 잠입해서 밤을 함께 보낸다. 이 과정에서 임신을 하면 그 사실을 밝히고 결혼을 하게 된다. 이때 네야도의 동료들은 여러 가지로 돕는다. 만약 처녀의 집에서 요바이를 반대하면 그 집에 거름을 뿌리는 등 행패를 부리기도 했다. 그래서 요바이는 일종의 결혼 형식이기도 했다. 딸 가진 부모가 요바이를 알아도 내색하지 않은 것이 이런 까닭이다.

🪷 사랑의 노래

세상에서 가장 감미롭고 아름다운 노래를 꼽으라면 당연히 사랑의 노래일 것이다. 사랑하는 사람의 터질 듯한 감정이 때로는 격정적으로, 때로는 달콤하게 달빛 물든 창문을 두드린다고 생각해보라. 생각만으로도 가슴이 두근거리지 않는가.

일본에도 결혼 적령기에 이른 남녀의 사랑을 뜻하는 노래가 수없이 많다. 또한 결혼이 선이나 부모의 판단에 의해 결정되는 사회 분위기를 반영하듯 미지의 남녀를 대상으로 한 사랑 없는 결혼을 반대하는 말도 성행했다.

한 여인을 남모르게 사랑한 한 시인은 자기의 애착이 늪에 자라고 있는 매끈한 갈대처럼 숨어 있기를 기원했다. 그러나 그리움은 점점 깊어 아침에 내리는 단비 속에 피어나는 꽃과 같아서 연인의 눈앞에서 꼼짝 못하고 멈춰 선 듯이 사랑이 활짝 피었다고 노래했다.

이 몇 마디 말 속에 격렬한 몽상과 친밀함이 너무나 잘 표현되어 있다. 이 노래는 진실의 풍경화와 닮았을 뿐 아니라 열정적인 사랑의 표현

연애편지를 주고 받는 17세기의 풍속도.

이 담겨 있다.

　이런 부류 가운데 대표적인 것이 도키와즈常磐津라는 것이다. 도키와즈는 19세기 초반에 기생들의 노력으로 유행하게 되었다. 도키와즈는 도키와즈부시常磐津節의 준말로 그 구성은 노래와 이야기가 절반쯤 섞여 있다. 에도의 생활과 잘 부합된 탓에 서민들에게 널리 보급이 되었고 가부키와도 밀접한 연관이 있다.

　그리고 조루리淨琉璃라는 것이 있는데, 이는 이룰 수 없는 사랑을 하는 연인들을 소재로 한 인형극이었다. 또한 신나이新內라고 하는 것도 있다. 1915년경 츠루가 신나이鶴賀新內에 의해 창작되었다고 전해진다. 그것은 유명한 고급 매춘부와 정부와의 연애 사건을 소재로 한 것이었다. 흐느끼는 듯한 음절이 그 특징이다.

그러나 도키와즈와 같은 것은 극히 일부분이다. 유행도 하지 못하고 사라져갔을 노래들이 언제나 존재하고 있었을 것이다. 이 노래들은 대개 연애 사건, 사랑의 도피, 불행한 연인들의 마음 등을 소재로 삼고 있다.

그럼 다시 결혼 이야기로 돌아가 보자. 사랑을 이루지 못하고 낯선 상대와 결혼식을 하게 되어도 극복하지 못한 연애의 결과에 크게 개의하지 않는다. 거부감 없이 평온하게 결혼식을 거행한다. 세상에서 일반적으로 들을 수 있는 결혼의 노래, 특히 아시아 전체에 알려져 있어 가사만 바꾸어 부르는 곡조인 다음의 노래 역시 그 사실을 증명하고 있다.

> 사랑이, 또한 운명의 지배가
> 두 사람의 영혼을 서로 끌어당길 때
> 그 어떠한 힘도 두 사람이
> 가까워지는 것과 결혼을 방해하지 못한다.
> 비록 천리만리 떨어져 있더라도
> 결국 두 사람은 하나가 된다.

아름다운 노래는 유럽에서도 사회의 가식을 잘 표현하는 경우가 매우 많다. 이렇게 말할 수 있는 것은 당사자의 생각이 아닌 보통 양쪽 부모가 결혼을 결정하기 때문이다. 일본이나 세계 각 지역에서는 부모의 의도와 딸의 애착 사이의 충돌에서 비극이 생기는데, 딸은 결국 완고한 부친에 의해 집으로 끌려가든지 자기가 좋아하는 남자에게 몸을 맡기든지 둘 중의 하나를 선택해야 한다. 자기의 의사에 의해 결혼한 예를 살펴보자.

사랑에 빠져 있는 남녀의 모습. 鳥居淸廣

옛날 어느 마을에 사내아이와 여자아이가 살고 있었다. 이들은 어릴 때부터 친해서 언제나 문 앞에 있는 우물 근처에서 함께 놀았다. 나이가 들자 그들은 서로 부끄러워 상대방에게 마음을 열지 못하게 되었다. 또한 다른 사람의 눈도 있었기 때문에 더욱 조심스러웠다.

그러나 남자가 지니고 있는 깊은 관심과 애정은 줄어들지 않았다. 남자는 생각하다 못해 편지를 보냈다.

"어릴 때는 언제나 우물곁에서 키를 재고는 했었지요. 내 키는 당신과 만나지 못하는 사이에 많이 자랐습니다."

얼마 후에 답장이 왔다.

"생각해보면 우리는 늘 키 재기를 했었지요. 당신의 키가 자란 만큼 내 머리가락도 어깨 아래로 길게 자랐습니다. 내 머리카락을 땋아 줄 사람은 당신밖에 없습니다."

이렇게 서로의 마음을 알게 된 그들은 반갑게 다시 만났고 결국 결혼에 성공했다.

이는 이세모노가타리伊勢物語에 나오는 이야기이다. 그러나 대부분의 젊은 남녀는 이렇게 애틋한 감정을 가지고 결혼한 것은 아니었다. 앞에서 본대로 결혼은 거의 부모의 뜻에 따라 결정되었기 때문이다. 사회는 젊은 남녀의 감정을 전혀 고려하지 않았던 것이다.

🪷 결혼의 형식

인류가 동물의 교미 수준에서 벗어나 최초로 취한 결혼 형식은 집단혼이었다. 이후 비교적 오늘날과 비슷한 결혼 형태가 생겨났는데 처문혼妻問婚, 또는 데릴사위혼이라고 부르는 것이 그것이다. 처문혼은 말 그대로 남자가 밤마다 여자의 집으로 찾아가 밤을 같이 보내고 아침에 다시 자기 집으로 돌아가는 결혼 형식이다. 이는 모계제 사회의 결혼 형식이었다. 《고사기》에서 처문혼의 예를 발견할 수 있다.

이쿠타마요리비메라는 얼굴이 예쁜 처녀가 있었다. 그런데 한밤중이면 한 사내가 찾아와 같이 잠자리를 하며 시간을 보내다 새벽이면 어디론가 사라졌다. 얼마 지나지 않아 이쿠타마요리비메는 임신을 하게 되었다. 이를 이상히 여긴 그녀의 부모가 물었다.

"너는 결혼도 하지 않았는데 어떻게 아이를 임신했느냐?"

"잘 생긴 남자가 매일 밤마다 저를 찾아와 같이 지내고 가요. 하지만 그가 누구인지는 몰라요."

"그럼 황적색 점토를 마루 앞에다 뿌려놓고 실패에 감긴 실을 바늘에 꿰어 그 남자의 옷자락에 꽂아두어라."

이쿠타마요리비메는 부모가 시키는 대로 하였다. 다음 날 아침이 되어 살펴보니 바늘에 꿰어둔 실은 열쇠 구멍을 통해 빠져나갔고 실은 세 가닥밖에 남아 있지 않았다. 실은 산의 신사까지 이어져 있었다. 그래서 그들은 그 사내가 신임을 알았다. 그 이후 실이 세 가닥 남았기 때문에 그 지역을 '미와三輪'라고 부르게 되었다.

그러나 처문혼은 종종 비극을 낳기도 했다. 이즈모出雲 지역의 한 청년은 매일 밤마다 바다를 건너 이야伊屋라는 마을에 사는 처녀의 집에 갔다가 새벽이면 돌아오곤 했다. 그런데 하루는 닭이 평소보다 빨리 울었다. 그래서 당황한 젊은이는 서둘러 처녀의 집을 빠져나오다가 그만 노를 두고 오고 말았다. 그는 하는 수 없이 노 대신에 손으로 배를 저어 집으로 돌아가려고 했다. 그러나 그 바다에는 악어가 살고 있었고 노가 없었던 젊은이는 그만 악어에게 변을 당하고 말았다.

그 사실을 알게 된 이야 마을 사람들은 충격을 받았다. 그래서 그들은 그 이후에 닭을 기르지 않았다. 또한 계란이나 닭고기를 절대로 입에 대지 않았다. 어이없이 죽은 젊은이의 넋을 기리기 위해서였다.

처문혼 또는 데릴사위혼이 내포하고 있는 또 다른 비극은 일정 기간 동안 아이가 생기지 않거나 집안의 화합을 깨뜨리는 경우 혼인 관계를 말소할 수 있다는 것이다. 이런 경우 사위의 자격을 박탈당했다. 남자에게 해당되는 칠거지악이었던 셈이다.

사실 9세기 초기까지는 남녀가 상대에게 사랑을 느끼고 본인들 사이

옷을 갈아 입고 있는 여자. 石川豊信

에 합의가 이루어지면 곧바로 성교를 할 수 있었다. 그리고 그 관계가 오랫동안 지속되면 결혼이 된다. 물론 싫어지면 언제든지 헤어질 수 있었다. 결혼해도 부부 이외의 이성과 성관계를 자유롭게 가질 수 있었기 때문에 지금과 같은 혼인의 구속력은 없었다. 이런 상황이 유지되기 위해서는 남녀평등과 재산소유권이 전제된다. 따라서 9세기까지는 훗날 막부의 성립과 함께 나타나는 것처럼 여성의 지위가 남성의 지위에 비해 열등하거나 사회적 진출에 제약이 없었다는 것을 알 수 있다.

이런 사회적 상황을 바탕으로 당시의 혼인생활은 일반적으로 남편이 아내의 집으로 통근하는 처문혼에서 시작되어 남편이 일시적으로 아내의 집이나 아내가 속한 지역이나 공동체로 옮겨서 사는 형태로 진행되었다.

한편으로 처문혼妻問婚은 고대에 남자가 아닌 여자가 신을 섬기는 사실에서 뒷받침된다. 처문혼이 여자 집에 큰 부담을 주게 되면서 남자가 여자를 돌보는 일이 생기게 되는데 헤이안 시대부터 점차 겉으로는 처문혼이면서 내용은 현재의 혼인 제도인 가입혼의 형태를 띤 과도기의 양상을 보인다. 이어 부계제父系制의 확실한 정착과 더불어 가입혼이 완전히 뿌리를 내리게 된다.

처문혼에서 가입혼으로 넘어가는 과도기에 속하는 헤이안 시대는 성적으로 매우 자유로운 시대였다. 당시의 성풍속을 살펴보면 남자와 여자 모두 다수의 상대를 상대하는, 성적으로 개방된 사회였다. 이런 상황에 대해 누구하나 비난의 눈초리를 던지지도 않았다. 그렇다고 정조를 지킨 사람에 대해 특별히 훌륭하다는 생각도 하지 않았다.

예를 들어 앞에서 본 것처럼 헤이안 시대의 여류 가인이었던 이즈미 시키부는 네 명의 남자를 상대했는데 당시에는 어떤 비난도 받지 않았다. 다만 유교가 지배 이데올로기로 자리 잡으면서 이즈미 시키부는 음란한 여자의 표상으로 생각되었다.

이런 상황을 대변하는 것이 무라사키 시키부의 《겐지 모노가타리》로 이 책에 등장하는 사람들은 모두 자유로운 연애를 하고 있다. 겐지의 예를 살펴보자. 겐지는 죽은 어머니와 닮은 계모이자 황후 후지쓰보에게 연모의 정을 느끼게 된다. 어느 가을밤 그 정욕을 억제하지 못하고 병 때문에 고향으로 돌아가 있는 후지쓰보의 집으로 몰래 찾아가 하룻밤을 같이 보내는 모습이 나온다. 무라사키 시키부는 후지쓰보가 비록 계모라고는 하지만 엄연히 어머니임에도 불구하고 겐지와의 연애를 자연스럽게 묘사하고 있다. 이를 통해 당시 사회가 지니고 있는 성도덕의 일면을 추정해 볼 수 있다.

따라서 이즈미 시키부나 무라사키 시키부는 그들이 살았던 시대에는 도덕적으로 아무런 문제가 없었지만 훗날 유교가 사회를 지배하는 이념이 되자 이들은 음란이라는 색을 입게 된 것이다.

그러나 헤이안 말기에 이르러 기근이 계속되면서 돈을 받고 몸을 파는 여자가 늘어났다. 이른바 근대적 의미의 직업 매춘부가 본격적으로 등장한 셈이다. 또한 막부 성립과 함께 여성들의 지위가 하락하고 도덕적인 규제가 강화되면서 여성들의 성은 결혼의 그늘 속으로 숨거나 매춘이라는 형태로 존속하게 된다.

본격적으로 가입혼이 채택되기 시작한 것은 무로마치 막부 때부터다. 즉 가부장제의 도입으로 결혼제도도 남자가 장가를 가는 것에서 여자가 시집을 오는 것으로 바뀌기 시작했다. 그러나 완전히 가부장제가 정착한 것은 17세기에 이르러서이다.

결혼 생활 12명령 – 신부 교육

1908년 다무라 나오미가 쓴 책 속에 다음과 같은 내용이 적혀 있다.

일본에서는 연애결혼을 하지 않는다. 만약 한 남자가 그 규칙을 어기면 그는 부도덕한 남자, 열등한 남자로 취급된다. 그의 부모는 망신을 당하게 된다. 일본인들은 한 여자에 대한 사랑이 인간 정신 생활의 가치 가운데 가장 낮은 단계에 자리하고 있다고 생각했다. 그리고 모든 결혼에서 신부의 가족은 매우 중요하다. 신부는 남편이 창피해 하지 않을 정도의 혈통을 지니고 있어야만 한다. 그리고 어머니는 결혼식 날 딸에게 다음과 같은 것을 가르쳐준다.

1. 네가 결혼하면 법률대로 더 이상 내 딸이 아니다. 너는 지금까지 부모를 섬긴 것처럼 시부모를 모셔야 한다.

2. 너의 남편은 단 하나의 주인이다. 그에게 마음으로 복종하고 그를 사랑해라. 아내의 가장 훌륭한 미덕은 남편에게 복종하는 일이다.

3. 남편의 가족에게 경외심을 지니고 대하라.

4. 심하게 질투해서는 안 된다. 왜냐하면 질투로 남편의 사랑을 얻을 수는 없기 때문이다.

5. 인내해라. 복종해라. 네가 남편에게 반대할 때는 마음이 완전히 평정한 상태에서 해야 한다.

6. 이웃들에게 배려를 해야 한다. 그가 누가 되었건 험담을 해서는 안 된다. 거짓말을 해서는 안 된다.

단오 축제. 葛飾北齊

7. 아침에 일찍 일어나고 밤늦게 이부자리에 들어가라. 술을 마셔 서는 안 된다. 50살이 될 때까지는 초대에 응해서 외출해서도 안 된다.

8. 네가 축하의 말을 해서는 안 된다.

9. 절약해야 한다. 그리고 집 안에 질서를 세워야 한다.

10. 찻집의 여자와 이야기를 해서는 안 된다.

11. 결코 화려한 옷을 입어서는 안 된다.

12. 너의 재산과 친정에 대해 자랑해서는 안 된다. 또한 시부모나 남편의 형제나 시누이 앞에서 그것을 말해서도 안 된다.

위의 12가지 '명령' 가운데 가장 중요한 것은 복종에 대한 부분이다. 가족의 생활 전체는 순종과 복종 위에 자리하고 있다는 생각이 전제로 깔려 있다.

이렇게 아내는 결혼 생활의 첫 번째 날부터 엄격한 규율 속에서 살게 된다. 사정이 이렇다보니 일본에서는 신혼의 달콤한 행복 따위는 전혀 만끽할 수 없다. 결혼하고 맞이하는 첫 번째 주는 일본의 젊은 아내들에게 매우 성가신 기간이다. 신부는 매일 아침 가장 먼저 일어나야 하고 밤에는 가장 늦게 잠자리에 들게 된다. 처음에 아내는 남편과 이야기를 할 시간이 거의 없다. 남편의 질문에 대해 '예'나 '아니오'라고밖에 대답할 수 없다. 결혼 생활이 5일째가 되면 신부는 시어머니를 위해 바느질을 해야 한다. 일주일이 지나면 신부는 친정으로 돌아가 4,5일 머무른다. 그 때 젊은 신부는 남편에게 돌아가지 않으려고 하는 경우도 종종 있다. 그 러나 실제로 돌아가지 않은 사례는 극히 드물다. 이것이 일본 허니문의 실체이다.

 ## 독특한 청혼 관습

그런데 이런 관습을 가진 일본에 여자를 보쌈하는 관습이 전혀 없었던 것은 아니다. 보쌈은 납치라는 면에서 얼핏 야만적인 것으로 생각될 수도 있지만 사회경제적인 측면에서 볼 때 여러 의미를 담고 있다. 과도한 혼수를 준비하지 않아도 되고, 남의 눈을 의식해 홀로 살고 있는 홀아비와 과부라면 사회적 강제성을 부여해 합법적인 결혼을 이룰 수 있게도 해주기 때문이다.

규슈九州의 어느 지방에서는 젊은 남자가 어떤 처녀에게 눈독을 들이면 그의 친구들이 일을 벌인다. 그들은 자기들이 누구인지를 알지 못하게 얼굴을 청백색 천으로 가리고 그 처녀를 맨손으로 붙잡을 수 있을 때까지 매일 밤 그녀를 기다린다. 맨손으로 그 처녀를 잡으면 곧바로 친구의 집으로 데리고 가서 그녀에게 결혼을 해주라고 설득한다.

그리고 그날 밤 바로 결혼식을 거행하는 경우도 많이 있었다. 옛날에는 부모의 동의 없이 결혼을 할 수 있었지만 점차 사전에 양쪽 부모의 동의를 얻는 형태로 변했다.

효고兵庫현의 어촌으로 가면 결혼 관습은 더욱 자유로워진다. 어부의 딸은 스스로 남편을 선택할 수 있었다. 달밤에 딸은 상대 남자를 보러 가서 자기가 선택한 남자를 얻으려고 노력한다.

이와는 반대로 시즈오카静岡에서는 젊은 남자가 벼 베기를 할 때 밭에서 일하고 있는 젊은 처녀 가운데 자기가 좋아하는 여자를 신부로 선택할 수 있는 관습이 있었다.

하치죠八丈라는 섬에서는 젊은 남자가 여자를 선택하면 여자의 집 한 구석에 그 남자의 침실을 만들어주는 관습이 있었다. 그 젊은 남자는 저녁에 자기의 침구를 등에 매고 여자의 집을 찾아간다. 그러나 젊은 처녀에게 한 번도 접근하지 않고 그 집의 식사 자리에도 참석하지 않는다. 처녀의 부모가 젊은 남자의 정직성을 확신하고 나서야 비로소 결혼식이 거행된다.

그런데 신부가 되는 처녀는 아름다운 몸매를 가지고 있어야 할 뿐만 아니라 덕이 있고 정숙해야만 했다. 사람들은 특히 정숙에 관해서 각별한 가치를 두었다.

또 이런 말도 있다.

"처녀 하나에 여덟 명의 남자, 그러나 이와 반대로 열 처녀가 한 명의 학사學士를 얻기 원했다."

이 말은 지금도 그대로 적용된다. 이런 이야기도 있다.

"현명한 여자가 자기의 현명함에 의지하면 그녀는 평범한 남자와 맺어지게 된다. 미인은 자기의 아름다움 때문에 인물이 좋은 남자를 놓치는 경우가 많다."

신부의 혼수

혼수에 대해서는 다음과 같은 보고가 있다.

"부자, 귀족, 군주 등은 신부 혼수로 사돈집에 보낼 여러 가지 물건을 넣어두는 창고를 만들어 두어야 했다. 그러나 현금의 가치가 높아지면서 지금은 사정이 변했다."

침실과 관계된 것 가운데 두 채의 이불은 매우 중요한 혼수의 하나였다. 또 어떤 사정이 있더라도 의복에 대한 투자는 아까워하지 않았다. 신부는 평생 동안, 또한 계절에 맞는 의복을 많이 지니고 있어야 했다. 의복을 얼마만큼 지니고 있는가가 딸의 부모가 딸을 어떻게 평가하고 있는지, 또한 어느 정도 사랑하고 있는지를 알려주는 척도이기도 했다. 따라서 이혼을 하게 되면 여자는 옷을 모두 가지고 부모의 집으로 돌아갔다.

한편 이들 혼수는 가마에 담아 운반했다. 차로 옮겨서는 안 된다. 그 이유는 차가 존재하지 않았던 시대의 흔적이 그대로 남아 관습이 된 까닭이다. 그리고 예전에는 마음에 드는 계집종 역시 그녀의 주인과 함께 새로운 집으로 옮겨가 신부가 된 여주인을 모셨다.

결혼식 의상은 하얀색이다. 그러나 때로는 검은색 의복을 선택하기도 했는데 그때에는 무릎 높이까지 소나무, 거북 또는 경사에 어울리는 꽃무늬가 있는 것이어야만 했다. 검은색이 지닌 불길함 때문이다. 속옷은 엷은 붉은색이었다. 따라서 경사를 의미하는 하얀색과 붉은색이 겹쳐져 있는 것처럼 보이게 된다.

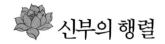

신부의 행렬

　신부가 아버지의 집을 떠나게 되어 이별의 순간이 되면 사람들은 일렬로 서서 술잔에 먼저 술을 따라 마시고 다음에 물을 따라 마신다. 이 물은 영원한 이별을 의미한다고 한다. 이 의식은 사라지는 것과의 이별을 표현한 것이었다. 출가외인이 되어 집을 떠나면 이혼하기 전에는 돌아올 수 없었기 때문이다.

　후쿠이福井현에서는 신부의 집 문에서 신부에게 물이 든 사발을 내민다. 신부는 그것을 마시고 그리고 술잔을 깬다. 야마가타山形현에서는 아이들이 신부의 행렬이 지나가는 길에 줄을 친다. 신부는 작은 선물을 주고 거기에서 해방된다. 후쿠시마福島현에서는 신부의 여자 친구들이 거지로 변장하는데 짚으로 만든 외투를 걸치고 머리에 천을 두른다. 그리고 신부의 행렬을 기다리고 있다가 가까이 다가오면 도로에 무릎을 꿇고 신부에게 축하의 말을 한다.

　니이가타新潟현과 기후岐阜현의 경우에는 마을의 남자들이 주먹이나 작은 돌로 나무로 만든 덧문을 두들기며 행복을 기원한다. 그로 인해 종종 문이 부서지기도 하는데 그래서 말다툼이나 주먹다짐이 벌어지기도 했다. 대부분의 동북 지방에서는 먹으로 서로에게 칠을 하며 논다. 만약 어쩌다가 그들과 만나면 신부도 예외 없이 먹칠을 당했다. 먹칠을 하며 노는 것은 악령을 물리치기 위해서라고 한다. 신부가 도착하면 악령으로부터 방어하는 다음과 의식을 거행한다.

　"주거에 필요한 공간 입구 양쪽에 큰 장작개비 더미와 화톳불을 지피는 쇠로 만든 바구니를 놓아두었다. 신부가 시댁으로 들어오자마자 바로 그곳에 불을 지핀다. 통로 오른쪽에는 한 명의 여자가, 그리고 왼쪽에는 한 명의 남자가 각각 앉아 있다. 이 남자와 여자는 신부가 지나가면 각자 절구 속에 들어 있는 쌀을 찧는다. 그리고 왼쪽 절구를 오른쪽으로 옮기고 그 내용물을 다른 절구의 내용물과 섞는다. 통로의 좌우에는 양초가 타고 있다. 오른쪽의 양초를 왼쪽으로 들고 가서 서로 심지가 맞닿게 한 다음 두 양초를 동시에 끈다."

이때 불과 곡식은 여성이 담당해야 하는 가장 중요한 역할을 암시하는 것이다.

 결혼식과 신혼여행

신부는 신랑의 집에 등을 돌리고 안으로 옮겨진다. 결혼식은 잔을 세 번 교환하는 것으로 끝이 나는데 이것을 삼삼구도三三九度라고 한다. 이때 쓰는 술병에는 암수 한 쌍의 나비가 장식되어 있다. 술을 따를 때 술병을 세 번 흔드는데 이는 성적인 결합을 상징하는 행위이다.

그러나 오래된 관습에 의하면 술잔을 교환하기 전과 교환하는 사이에 여러 가지 상징적인 징표와 요리를 특별하게 제작한 작은 식기에 담아 신랑 신부 앞에 놓았다고 한다. 그러나 신랑 신부는 그것에 손을 대지 않는다. 그 다음에 조개, 해조가 식탁에 올라오고 본격적으로 결혼식이 시작되었다.

술을 마시고 있는 동안 조갯국, 생선, 소금에 절인 것, 자두 등이 식탁

남녀 그림. 磯田湖龍齊

에 올라온다. 오래된 의식 가운데 오늘날에도 그 흔적을 찾아볼 수 있는 것이 있는데 결혼 피로연에 위에 열거한 음식, 특히 조갯국은 절대로 빠져서는 안 된다는 것이다.

쿠드리아프스키 부인은 다음과 같은 이야기를 했다.

"결혼식 때에 한 쌍의 할미새를 놓아둔다. 그 까닭은 이자나기와 이자나미가 할미새를 보고 부부의 사랑을 발견했다고 전해지기 때문이다."

이 생각은 앞에서 본 대로 《일본서기》에 나오는 말이다. 할미새가 신들에게 성행위의 방법을 알려주었다는 것은 또 다른 연원이 있는 듯하다. 원래 할미새와 거북은 독일 민간신앙의 대상인 황새처럼 단순히 아이를 보내주는 역할을 맡고 있었다. 이것이 나중에 부자나 지위, 신분이 높은 사람들이 높은 신을 고귀하다고 생각했고 그 의식에 끌어들인 것에 불과할 것이다.

또한 결혼식장에는 다카사고 섬의 그림이 그려져 있는 쟁반을 준비한다. 그 섬에는 '동갑내기 소나무' 라고 부르는 한 그루의 소나무가 있다. 뿌리는 하나지만 줄기는 둘로 나뉘어져 있다. 이 나무는 결혼식을 거행할 때 그 모형을 진열할 정도로 유명하다. '동갑내기 소나무' 에 대해서는 뒤에서 다시 살펴볼 것이다.

또한 소나무와 나란히 두 개의 그림이 놓인다. 그것은 나무를 지키는 선한 정령이다. 신랑 신부는 나무 정령의 보호를 받고 그와 동시에 나무의 정령은 부부의 인연을 인정하는 증인이 된다.

결혼식이 언제나 정숙하게 거행되는 것은 아니다. 그것은 순간의 의식을 의미하기 때문이다. 마침내 신랑 신부가 방에 들어가면 중매쟁이가 침실로 들어가 신랑 신부에게 술을 한 잔 권하는데 그들은 그 술을 받아

마신다.

시대별로 혼례의 풍습은 조금씩 차이가 난다. 그것은 그 시대를 지배하고 있던 정신과도 연관이 있는데 여기서는 헤이안 시대의 혼례를 예로 살펴보도록 하자.

앞에서 본대로 헤이안 시대는 처문혼에서 가입혼으로 넘어가는 과도기였다. 따라서 결혼을 위한 준비는 남자가 여자의 집을 드나드는 것에서 비롯된다. 그 사실이 알려지면 여자의 집에서 남자 쪽 집에 연락을 취하고 남자 쪽 집에서는 정식으로 청혼의 절차를 밟는다.

결혼식을 마친 신랑과 신부는 서로의 하의下衣를 사랑의 징표로 교환한다. 신랑은 첫날밤을 보내고 집으로 돌아와 신부에게 사랑의 노래를 지어 보낸다. 이는《고사기》등에도 등장하는 지극히 오래된 관습으로 함께 지낸 하룻밤에 대한 감정이 그대로 담겨 있다. 이렇게 3일이 지나면 신랑과 신부는 잘 차려 입고 떡을 둘로 나눠먹는다. 이로써 이들은 정식 부부가 되고 결혼 피로연이 시작된다.

고대에도 신혼여행이 있었던 것으로 추측된다. 그러나 중세에 들어와서 이 관습은 시행되지 않게 되었다. 젊은 부부는 신혼여행을 겸해 미에三重현에 있는 이세伊勢 신궁에 가서 참배를 많이 했다. 오래된 노래 가운데 신혼여행에 대해 노래하고 있는 것이 있다. 해석하면 이렇다.

"우리는 벚꽃이 활짝 핀 벚나무가 줄지어 서 있는 다이와大和로 가는 길을 지나갔다. 꽃은 나의 젊은 아내를 기다리고 있었다는 듯이 흐드러지게 피어 있었다."

🪷 결혼 생활

어른이 된 딸이 집 밖에서 위험에 처하거나 모르는 남자 앞에 모습을 드러내는 것은 좋은 일이 아니다. 하층 계급에 속해 있는 여자들은 그다지 상관없는 일이기도 하고 그들의 이름을 더럽히는 일도 아닐 수 있다. 그러나 하층 계급에 속해 있는 처녀들 역시 신사에 참배를 가거나 절에 갈 때에는 대개 부모와 동행했다. 또한 시장에 갈 때나 상점을 방문할 때, 일 때문에 거리에 나가야 하는 경우에는 중년 부인과 동행하는 것이 일반적이었다.

그들과 달리 상류 계급에 속해 있는 젊은 부인은 집에 그대로 있는 것이 예의에 어긋나지 않는 것이고 부득이하게 외출해야 하는 경우에는 반드시 종을 데리고 가마를 타고 나갔다.

다수의 일본 연구가들의 견해를 살펴보면 동정이나 여자의 순결에 대한 가치는 적거나 거의 없는 것과 마찬가지라는 것이 눈에 띈다. 그러나 신앙과 법은 그와 정반대이다. 더럽혀지지 않은 처녀가 높게 평가되는 이유는 그것이 신앙이든, 법이든 얼마간 차이는 나지만 그 작용은 동일하기 때문이다. 처녀성은 고귀한 힘을 부여해 줄 뿐만 아니라 그 힘은 그녀가 지니고 오는 물건에도 내포되어 있다.

예를 하나 들면 밥을 지을 때 커다란 금속제 냄비는 덜그럭거리는 소리를 낸다. 그것 역시 의미가 있다. 우리는 소리가 나는 방법에 주목할 필요가 있다. 만약 처음에는 소리가 약하다가 점차로 강해지면 그것은 행복을 의미한다. 그러나 냄비가 처음부터 커다란 소리를 낸다면 곧바로 여자의 속옷을, 그것도 가능한 처녀의 속옷을 벗겨서 냄비를 감싸야 한

박 덩굴 아래에서 더위를 식히는 가족. 久隅守景

다. 그것은 주문의 하나로 처녀의 속옷이 가장 뛰어난 효력을 발휘한다.

1868년 이전 무사 계급은 동정 또는 처녀의 상실을 견책이나 금고로
벌을 주었다. 또한 결혼이나 다른 방법을 통해서 해결할 수도 있었다. 그
러나 농민들은 그렇게까지 엄격하지는 않았다.

그러나 결혼을 한 상태에서 다른 남자와 관계를 맺은 여자에 대해서
는 부모가 그녀를 살해한 권리를 가졌다. 밀회 현장을 덮친 경우에는 상
대 남자에 대해서도 살해할 수 있는 동일한 권리를 행사할 수 있었다. 이
것은 엄격한 사회의 요구와 달리 일반 민중들은 자유로운 성생활을 구가
했음을 반증해주는 현상이기도 하다.

일본 속담에 여자가 남편이 아닌 다른 남자와 놀아나는 것을 '다니와
타리谷渡り. 골짜기를 건너감' 라고 표현한다. 이 말이 생기게 된 것은 어느 무사

부부 때문이다.

어느 날 멀리 전투에 참가하게 된 무사는 서로 바람을 피우지 않겠다는 맹세를 하고 아내의 사타구니에 새를 그리고 자기의 사타구니에 말을 그렸다. 그런데 막상 두 사람은 모두 바람을 피웠기 때문에 그 그림들이 지워졌다. 그래서 그들은 각각 그림을 다시 그려놓았다. 무사가 전장에서 돌아와 서로의 그림을 비교해 보았다. 그런데 아내의 사타구니 왼쪽에 그려놓은 새가 오른쪽에 그려져 있는 것이 아닌가. 그래서 이유를 묻자 "봄이 오니 새가 골짜기를 건너가더라"라고 대답했다. 이번에는 아내가 남편의 사타구니를 보자 말이 훨씬 크게 그려져 있는 것이 아닌가. 그 이유를 묻자 "가을이 오니 말이 살찌더라"라고 대답했다고 한다. 한참을 멀뚱멀뚱 앉아 있던 무사가 "물이 흘러가자 지나간 배의 흔적이 지워지더라"라고 말했다고 한다.

법률이 엄격한 것은 그만큼 그 행위가 만연되어 있다는 것을 의미한다. 물론 유교의 영향으로 여성의 정조 관념이 강화된 탓도 있겠지만 근본적으로 일본인의 성의식을 엿볼 수 있는 단면이라 하겠다.

사실 일본인들의 성도덕관은 매우 자유롭고 개방적이었다. 남자들의 이혼뿐만 아니라 여자들의 이혼 역시 자유로웠고 정조 관념도 엄격하지 않았다. 동맹 관계에 따라 결혼하고 이혼하는 것이 다반사였다. 대표적인 예가 도쿠가와 막부의 두 번째 장군인 히데타다秀忠로, 이미 세 번 결혼한 이력이 있는 여자와 결혼을 했다. 그래서 아내가 간통하는 장면을 목격하면 그 자리에서 살해할 수 있는 관습과 법이 생겼는지도 모른다. 다시 말해서 그런 일이 그만큼 많았다는 것을 반증하고 있기 때문이다.

아내의 부정과 남편의 권리

　무사 계급은 아내를 죽일 수 있는 권리를 지니고 있었다. 그렇다고 아무 때나 죽일 수 있는 것은 아니었다. 아내가 간통하고 있는 현장을 덮쳤을 경우로 제한되었다. 또한 그 상대방을 죽여도 뒤탈이 없었다. 그것이 점차로 사회적 관습이 되었고 도쿠가와 이에야스德川家康는 법률을 통해 그 권리를 하층 계급에게도 부여했다.

　도쿠가와 이에야스의 법률에는 아내의 간통에 대해 다음과 같이 규정하고 있다.

　"아내가 다른 남자와 비밀리에 성행위를 하는 것은 인간 사회의 근본 원리를 뒤흔드는 것이다. 이와 같은 경우에 남편은 범죄자를 살해하거나 간통을 고발할 권리가 있다. 그러나 남편이 두 사람 가운데 한 사람만 죽이고 다른 사람을 죽이지 않는다면 남편 자신도 죄를 범한 셈이 된다. 남편이 범죄자들을 살해하지 않고 법정에 호소하는 경우 그들을 사형에 처할 것인지는 남편의 재량에 따라 결정된다."

　하인리히 프로스와 막스 발데스는 다음과 같이 말했다.

　"옛날 일본에서 남편이 결혼 생활을 모욕하는 사람에게 칼을 사용하는 것은 관례였다. 이것은 18세기 초반에 발간된 일본의 백과사전에 묘사되어 있다. 그러나 나중에 살해는 벌금형으로 바뀌었고 '간통자의 가격은 금화 일곱 냥 반'으로 정해졌다. 이것은 타인의 아내와 가까워지지 말라는 의미의 농담처럼 하는 경고가 되었다고 한다."

　금화 일곱 냥 반은 엄청난 액수였다.

　19세기의 배우 고바다 고헤이지의 아내는 부정을 저질렀다. 격정에

19세기 미인도. 歌川國貞

사로잡힌 그녀는 남편과 헤어지기로 결심했다. 그러나 사회 통념상 이혼이 어려웠기 때문에 다른 방법을 택하기로 했다. 그녀의 애인은 고바다의 남편이 여행을 떠나자 뒤따라가 여행지에서 살해했다. 고바다의 애인은 고바다가 기다리고 있는 곳으로 돌아오던 중 살해된 자의 유령이 자기 앞을 서둘러 가는 것을 보고 형용할 수 없는 공포를 느꼈다. 유령은 죄를 지은 두 사람을 떠나지 않았고 죄책감을 견디지 못한 두 사람의 죄는 결국 백일하에 드러났다. 남편을 살해한 공모자인 고바다는 나무에 묶어놓고 찔러 죽이는 책형을 당했다.

사실 간통을 처음으로 죄로 취급한 것은 1232년 호조 야스토키北條泰時가 무사들을 대상으로 제정한 관동어성패식목關東御成敗式目이다. 죄라고는 하지만 경범죄에 불과했다.

이혼

대보율령大寶律令의 가정법에 정해져 있는 관례법에는 아내를 버릴 수 있는 7가지 이혼 사유, 이른바 칠거지악七去之惡이 있었다. 그것은 다음과 같다.

1. 불임
2. 간통
3. 시부모에게 복종하지 않는 것

4. 수다

5. 도둑질

6. 질투

7. 나쁜 병

이들 가운데 하나에 해당되는 경우 남편이 서류에 서명하고 가까운 친척이 서명하면 이혼이 성립되었다. 여성에게는 매우 엄격하고 남성에게는 매우 편리한 관습이었다. 한편 일본의 관습법은 남편의 간통에 대해서는 전혀 책임을 묻지 않았는데 이것은 남슬라브 사람들과 동일하다.

한편 이러한 율령이 있음에도 불구하고 한편에서는 특별한 이유도 없이 아내와 이혼할 수 있는 관습이 있었다. 아내에게 '미쿠다리한三行半'을 주면 그것으로 모든 것은 끝이었다. 미쿠다리한은 말 그대로 세 줄 반으로 이루어진 이혼서이다. 그리고 그 다음 그가 재혼하고 싶다면 언제든지 재혼할 수 있었다. 단지 이혼하기 전 아내의 자매와는 결혼할 수 없었다.

매춘

매춘의 기원과 일본

매춘은 가장 오래된 직업이며 세계 어느 곳에나 존재하고 있다. 그리고 매춘은 풍선처럼 억압을 하면 음성화되어 비밀리에 여러 형태로 사회에 만연되는 속성을 지니고 있다. 매춘은 남녀의 욕망에 합치되는 것이기 때문에 그것을 근절시키는 것은 불가능하다고 생각된다. 따라서 위생적, 또한 경제적으로 나쁜 결과가 생기지 않도록 하는 것이 최선이 아닐까?

고대 일본에서는 손님에게 딸을 내주는 관습이 있었는데 이것이 훗날 자색이 뛰어나고 가무에 능한 여성을 뽑아 대신하게 되었다. 이들이 유녀의 기원이다. 이후 전문화된 유녀가 등장하게 되면서 매춘으로 발전하게 되었다. 이렇게 보면 성의 제공은 결코 수치스러운 일이 아니었다. 한편 일본의 대표적 민속학자인 야나기다 쿠니오柳田國男는 매춘의 기원을 무녀에서 찾았다. 야나기다는 무녀巫女가 영락해서 유녀遊女가 되었다고 주장했다. 《만요슈》에 나오는 유녀의 노래를 살펴보자.

유녀들.

새로 짓는 집의 벽에 바를 풀을 베러 오소서.

당신은 풀처럼 흐늘흐늘 감겨 자는 낭자를 마음대로 할 수 있어요.

일본에는 대도시와 상업지뿐만 아니라 어촌이나 벽촌조차도 강한 성충동을 쉽게 충족시킬 목적으로 존재하는 공인된 유곽이 있다. 그런데 이와 같은 관능적인 집은 방탕의 장소, 외설적 장소로 인식되지 않는다. 사회적 평판이 좋은 사람조차도 그런 장소를 방문하기 때문이다. 오히려 쾌락의 집인 유곽은 그 지방에서 가장 아름답고 가장 화려한 집 가운데 하나이다. 또한 유곽은 교도소와 마찬가지로 국가의 건물이었다.

1184년에 미나모토源 집안과 다이라平 집안은 상대방을 섬멸하기 위해 전투를 벌였다. 승리를 거둔 영웅 호죠 토키무네北條時宗는 신중하게 조사를 해서 패자인 다이라 집안과 혈연관계에 있는 남자아이는 나이를 불문하고 모두 살해했다. 사로잡힌 부인 몇 명은 첩이 되었고 다른 여자들은 자살을 했기 때문에 여성으로서 경험할 수 있는 가장 치욕적인 일을 당하지 않았다. 그러나 일부는 희생을 당했다. 즉 국가 공인의 유곽에서 일을 하게 된 것이다. 기록에 따르면 1880년에도 시모노세키下關에 있는 유곽에 이와 같은 불행한 자손이 있었는데 그들은 다이라 집안의 부인들이 남긴 후예였다. 그들은 명문일족의 후예로 일종의 특권을 가지고 있었다고 한다.

가난한 부모는 딸을 국가에 팔 수 있었다. 국가는 그 아이를 어릴 때 일찍 거둬들여 교육할 의무가 있었다. 그리고 그녀는 자기가 지니고 있는 신체적, 정신적인 장점에 따라 다양한 종류의 찻집에 취직했다. 그를 위해 읽고 쓰기, 현악기의 연주, 그리고 바느질을 비롯한 다양한 재주를

화려한 옷을 입고 있는 유녀와 가무로. 北尾重政

익혔다.

국가 시설에 수용된 이들 가운데 아름답고 기지가 있으며 인기가 좋은 처녀는 대개 예쁜 부인이나 현명한 어머니가 된다. 가난한 일본인은 이들 처녀 가운데에서 자기의 아내를 선택했다.

일본 사회는 그녀들의 과거에 대해서 어떤 충격도 받지 않는다. 이 부분에 대해 그리스도교의 윤리를 바탕으로 한 유럽에서는 위와 동일한 상황에 처한 사람들에게 온갖 방해를 가한다. 그러나 일본의 매춘은 구획된 도덕의 검역 조직으로, 법적으로 엄격하며 정치적인 통제 아래에 있었다는 것이 특징이라고 하겠다.

요시와라와 매춘부 양성

　도쿄 요시와라吉原에 있는 매춘 거리는 매우 유명하다. 처음 건립된 것은 1600년경이었다. 이후 1637년에 발생한 화재에 의해 파괴되었다가 현재의 요시와라에 새롭게 건설되었다.

　요시와라는 국가에서 건립한 공창公娼 지대다. 에도 막부를 연 도쿠가와 이에야스는 에도를 천황이 있는 교토를 능가하는 도시로 만들기 위해 애를 썼다. 당연히 대단위 토목공사가 활발하게 진행되었고 각지에서 많은 남자들이 모여들었다. 이렇게 되자 에도에 여자가 모자라게 된 것은 어쩌면 당연했다. 이 틈을 비집고 들어온 것이 매춘부였다. 공사장 주위에는 하나둘씩 사창굴이 들어섰고 이와 연관된 사건이 꼬리를 물고 일어났다. 막부는 매춘부들을 일정한 장소에 모아놓고 관리할 필요가 있음을 깨달았다. 이렇게 해서 막부는 교토의 시마바라와 같은 유곽을 건설했던 것이다. 이후 요시와라는 1946년 공창 제도가 폐지될 때까지 일본 성문화의 중심지로서 굳게 자리를 지켜왔다.

　에도의 요시와라는 교토의 시마바라島原와 함께 유곽의 대명사로 불린다. 시마바라는 도요토미 히데요시의 명령으로 건설된 유곽으로 꽃과 버드나무로 유명했다. 이런 의미로 유곽을 비롯한 성을 매개로 한 놀이터를 화류계花柳界라고 부르게 되었다.

　흥미로운 사실은 18세기에 활동했던 의사이며 문필가였던 다치바나 난케橘南谿는 《서유기西遊記》라는 기행서에서 교토 사람의 절반이 매독에 걸려 있었다는 기록을 남겼다. 매독의 진원지는 시마바라였을 것이다. 당시 매독은 '당창唐瘡'이라 불렀다. 앞에 당唐이 들어간 것은 외국, 특히

요시와라의 풍경. 菱川師宣

중국에서 전래되었음을 의미한다.

요시와라吉原라는 이름의 기원은 처음에는 '요시와라葦原'에서 유래했는데, 말 그대로 '갈대밭'이란 뜻이다. 유곽이 세워질 당시 그 자리에 갈대가 무성한 들판이었기 때문에 이런 이름이 붙었다. 그런데 그 갈대 때문에 큰 화재가 자주 발생했고 한번 불이 나면 잿더미가 되고 말았다. 그래서 후에 이름이 '요시와라吉原'로 바뀌었다.

1657년 요시와라의 유곽은 도시 외곽에 있는 아사쿠사淺草의 밭으로 자리를 옮겼다. 아사쿠사에는 센소지淺草寺라는 절이 있고 그곳에 영험이 뛰어난 것으로 알려진 관음상이 있었다. 많은 사람들이 아사쿠사에 있는 관음상을 참배한다는 핑계로 요시와라를 출입했다.

당시의 요시와라에는 상당한 교양을 지닌 매춘부들이 있었고, 또한 상류층이 아니면 갈 수 없는 곳이었다. 그것이 근대로 넘어오면서 일반인들도 드나들 수 있도록 대중화되었다.

요시와라의 입구는 하나의 문으로 이루어져 있고 그 문을 들어서면 십자로로 나뉘어져 있었다. '녹색 집'에는 매춘부들이 살고 있는데 매춘부들은 공주처럼 교육을 받았다. 그래서 예전에 쓰던 고전적인 언어를 사용했다. 또한 나중에 매춘부가 될 어린 가무로禿. 창녀가 부리는 소녀 두 명을 거느리고 있다. 가무로는 원래 머리를 묶지 않고 앞머리를 눈썹 선과 나란히 자르는 헤어스타일을 가리키는 말이었다. 가무로는 매춘부의 시중을 들면서 유곽의 풍습과 환락의 기술을 배웠다.

중앙의 큰 거리에는 찻집茶屋이 많이 있고 거기에는 의무적으로 단정한 행동을 해야 하는 기생이 있었다. 또한 그곳에는 '공公'이라는 날인이 된 불평 신고함이 설치되어 있었고 변장한 공무원이 응접실에서 감시의 눈을 번뜩이고 있었다.

유녀와 가무로. 磯田湖龍齊

왜냐하면 이 제도는 모두 국가의 권위를 바탕으로 나라의 재정에 큰 도움을 주었기 때문이다. 찻집은 교통의 중심지마다 있었는데 그곳에서는 예의에 어긋나는 문란한 행위가 허용되지 않았다. 그것은 일본인이 선천적으로 '공公'적인 세밀함을 타고났기 때문이다. 부자가 아닌 사람도 찻집을 찾았기 때문에 찻집은 경찰의 조사 대상이었다.

그러나 가케차야掛茶屋라는 찻집은 차츰 퇴폐화의 길을 걷게 된다. 말 그대로 잠깐 쉬면서 차를 마시는 찻집이 매춘을 위한 장소로 둔갑한 것이다. 이후 찻집은 신사나 절 주위에 우후죽순으로 들어섰고 참례를 마친 남자들은 찻집에 들러 매춘을 할 수 있었다. 그야말로 임도 보고 뽕도 따는 격이다. 엑스너는 매춘을 의미하는 이른바 '계약혼'에 대해 다음과 같이 말했다.

"기생들은 때때로 하층 계급 출신으로 그 지방에서 지배적인 도덕적 개념에 따라 주인의 동의를 얻어서 한 달 또는 그 이상의 기간 동안 계약을 맺고 그 지방의 사람이나 이방인에게 봉사할 각오가 되어 있었다."

또한 '제국대학기요帝國大學紀要'에도 다음과 같은 것이 기록되어 있다.

"젊은 누나가 동생의 교육비를 벌기 위해 기생이라는 직업을 선택하는 경우가 있다. 기생이라는 직업은 결코 명예로운 것이 아니었지만 그렇다고 경멸당해야 마땅한 직업도 아니었다."

일본의 화류계에 있는 여자가 모두 기생인 것은 아니다. 그들은 어릴 때 부모에 의해 팔렸거나 바쳐진 사람들이다. 그러나 그것은 과거의 이야기이다. 왜냐하면 상황이 상당히 많이 변화하고 있기 때문이다. 그들은 그곳에서 쾌적한 방을 제공받고 매일 샤미센三味線을 켜는 방법과 노래 부르는 법, 춤추는 법, 편지 쓰는 것을 배운다. 한마디로 말해서 그들은

샤미센을 타고 있는 미인. 菱川師宣

남자들의 세계에 가능한 가까이 접근할 수 있도록 교육을 받는 것이다.

나이가 든 여자는 젊은 여자를 가르치고 젊은 여자는 그녀를 주인처럼 섬긴다. 교육이 끝나고 술자리에 나가게 되는데 그렇다고 바로 한 사람의 기생이 되는 것은 아니다. 대개 상당한 실적을 거둔 후에 겨우 독립된 기생이 되는 것이 일반적이었다. 굳이 죄를 물어야 한다면 그들을 팔아 이와 같은 생활을 하게 만든 부모에게 물어야 했다.

한편 요시와라로 대표되는 유곽의 여자들은 사회로부터 동정을 받았다. 그들은 자기의 의지나 죄 때문이 아니라 대개는 부모의 명령으로, 다시 말해서 의무적으로 부모에게 순종하고 시키는 대로 했을 뿐이다.

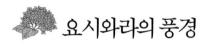

요시와라의 풍경

에도에 있는 요시와라는 유곽의 메카로 유명했다. 그곳은 온갖 추문과 경멸의 대상이 아니라 오히려 미적 감각을 풍부하게 해주는 곳으로 인식되었다. 푸른 나무가 동여매져 있고 비단으로 만든 만국기가 장식되어 있는 문으로 들어가면 넓은 길이 나온다. 이 길은 차가 다닐 수 없다. 길의 중앙에는 녹지가 있는데 좋은 향기가 나는 꽃과 관목이 심어져 있다. 그리고 나뭇가지에는 갖가지 색의 등이 걸려 있다.

그 길을 따라가면 갑자기 매력적이고 넓은 전망이 펼쳐진다. 즉 양쪽에는 밝은 등이 켜져 있는 가게와 찻집이 있고 그곳에는 갖가지 색의 기모노着物를 입은 사람의 긴 행렬이 춤을 추고 있다. 눈길은 저절로 그들에게 향해진다. 그들은 기생들이다. 그리고 이 이국적이고 아름다운 모습은 뇌리에서 절대로 사라지지 않을 것이다. 빛과 색, 그리고 아름다움이 하나가 된 그 모습은 거대한 찬가에 다름 아니다.

거리에서 연결되어 있는 좁은 길은 암흑이다. 극장 장식의 세련미를 이용해서 반사가 눈을 해치는 빛의 누락을 막아주고 있다. 시선은 그 집의 높은 관람석으로부터 절을 받고 있는 듯한 변화무쌍한 모습에 의해 매료되게 된다. 그리고 좁은 격자에 의해 관중과 격리되어 있으며, 그 너머에 아름답게 옷을 차려 입은 여자들이 있다. 화려하게 장식되어 있는 머리, 새빨간 연지, 분을 바른 얼굴.

이렇듯 요시와라의 매춘부들은 눈에 띄는 치장을 많이 했다. 먼저 일반 여자들과 달리 허리띠를 앞으로 묶었고 머리에는 많은 장신구를 꽂았다. 또 얼굴에는 많은 분장을 했는데 단골손님을 대할 때의 복장은 간소

유곽 앞을 지나가는 다양한 종류의 사람들. 宮川長春

했다. 당시의 의상 문화에서 요시와라의 매춘부들은 중요한 역할을 했
다. 그들은 최신의 복장을 했으며 그것이 일반 대중에게 영향을 미쳤다.
그러나 유행의 이면에는 매춘부들의 값을 높이려는 경영자들의 계산이
숨겨져 있었다.

이렇게 치장한 요시와라의 매춘부들은 15명, 20명씩 일렬로 격자 속
의 공간에 인형처럼 앉아 있다. 그들은 조금도 움직이지 않고 방석 위에
앉아 있으나 예리한 눈은 소란스럽게 지나가는 사람들의 흐름을 주의 깊
게 음미하고 있다. 그들은 빛이 달린 손거울과 분을 몸에서 떼어놓지 않
는다. 작은 담뱃대는 의무적으로 세 번 빨고 나서 곧바로 청동으로 만든
화로 속에 버린다.

아름다운 인형은 말없이 앉아 있다. 자기들끼리 이야기를 주고받는
일은 거의 없는데 바깥에 있는 사람과 이야기를 주고받는 일은 더더욱
드물다. 외설적인 느낌은 전혀 풍기지 않고 사람들을 유혹하는 듯한 일

도 전혀 하지 않는다. 얼굴에는 미소를 짓고 눈을 깜빡거리면서 가는 손으로 친근하게 바라보고 있는 사람들에게 손짓한다.

그러나 그곳에 있는 여자들의 명예는 세상의 증오 때문에 더럽혀지지는 않는다. 이 나라에서 성충동의 고상함, 다시 말해서 자기의 문제가 아니라 아름다움과 대비를 이루는 단정한 인격 속에서 인정할 수 있는 사랑과 관능, 뭐랄까 그리스적이고 고대적인 성충동의 숨결을 만날 수 있다. 여기에서 그 이상이 실현되고 있었던 것이다.

화려한 빛을 받고 있는 그들 앞을 수천 명의 사람들이 농담을 주고받거나 환성을 올리면서 지나간다. 사람들의 흐름은 복잡하게 뒤얽혀 있는 큰 길과 작은 길을 비스듬하게 가로지르면서 전진한다. 사람들의 환성은 점점 높아졌고 넓게 열린 밝은 창에서는 샤미센 소리와 함께 노래가 들려온다. 그리고 찻집에서는 환성이 더욱 크게 들려온다.

1617년 유곽의 주인들은 수도에 있는 모든 매춘부를 도시의 격리된 곳으로 옮기기로 결정했다. 당시 유곽의 주인들은 손님을 감시하는 의무를 지니고 있었기 때문에 경찰의 신임을 얻고 있었다.

유곽의 주인과 경찰이 밀착했던 것은 유곽이 주로 도시 주변에 있었기 때문에 사건이 발생할 경우 유곽을 중심으로 길을 차단하면 범인을 검거하기가 쉬웠기 때문이다. 또한 유곽은 세금을 내지 않았다. 그 대신 비상시에 경찰의 수사에 협조해야 했다. 지금도 그렇지만 범죄자들이 유곽으로 흘러드는 경우가 많았기 때문이다.

부룬휘버 박사를 비롯한 다른 사람들은 에도의 요시와라를 가리켜 "일본인은 가장 논의가 분분한 문제를 어렵지 않게 해결했다"고 칭찬했다.

그리고 각 지방에 있는 모든 도시가 요시와라를 모범으로 삼고 있다

요시와라를 배경으로 한 유녀들. 歌川豊國

는 것은 주목할 일이다. 그러나 경제적으로 가장 취약한 여성을 관능의 노예로 만들거나, 감금하거나, 진열해서 호색한에게 선택하게 만드는 방법은 과연 문제 해결의 본질과 얼마나 연관이 있을까?

기업가는 이 방법을 통해 실제의 이익을 얻었다. 그들의 눈에는 타락과 부패의 장소를 찾아오는, 외상도 없는 어리석은 자들이 돈벌이의 대상으로만 보였을 것이다. 그들은 성을 담보로 하고 그것을 위해 돈을 지불하고 가공의 이익을 얻는다. 게다가 이러한 제도를 긍정적으로 생각하는 지식인이 유럽에도 있다는 사실에 놀라지 않을 수 없다.

그것은 매춘부를 일정한 구역에 모아놓는 것이 좋은지 모아놓지 않는 것이 좋은지를 논의하기 이전의 문제이다.

그리고 두 가지 점을 지적할 수 있다. 하나는 도시의 안팎을 지배하는 이상한 평정, 질서, 그리고 안전이라는 것에 대해서이다. 약 3000명의 매춘부, 다양한 나이를 가진 수천 명의 남자, 그리고 매춘부 이외의 여자와 아이들이 사는 도시. 어두운 생활의 연속이라는 사실에 대해서는 의문의 여지가 없다. 이곳처럼 번거로움을 조금도 느끼지 못하고 평화롭게 생활하는 도시는 세계 어디에도 없었을 것이다. 곱게 차려 입은 여자는 인형처럼 감방 속에 앉아 있다. 완전히 평화로운 세계를 상징하는 것처럼 이 한 폭의 그림을 어떻게 생각해야 할까.

 ## 허가되지 않은 매춘

　요시와라나 시마바라는 국가에서 공인한 매춘 지역이었다. 그러나 사람이 사는 곳이면 어디든 몸을 파는 매춘부들이 있었다. 음식점이나 찻집, 심지어는 신사 부근에서도 매춘은 이루어졌다. 몇 가지 사례를 살펴보자.

　먼저 음식점은 대표적인 매춘 지역이었다. 대개 음식점에는 안쪽에 방을 가지고 있는데 그곳에서 매춘이 이루어졌다. 이들은 음식점에서 하녀 노릇을 하면서 매춘도 겸하는 경우가 많았다. 이런 여자들은 지방에서 인신매매에 의해 팔려오거나 집안 사정으로 음식점에 팔려온 경우가 대부분이었다.

　강에 배를 띄워놓고 매춘을 하는 매춘부도 있었다. 강을 오르락내리락하면서 호객을 하고 흥정이 끝나면 배에서 몸을 팔았다. 때에 따라서

여름이 되자 매춘부들이 강가로 나와 손님을 맞고 있는 모습. 西川祐信

　는 뱃놀이를 하고 있는 남자들에게 접근해서 매춘행위를 하기도 했다.

　매춘에 가담한 여자들 가운데 비구니도 있었다. 앞에서도 보았듯이 비구니는 그것이 신사참배라도 되는 듯이 몸을 산 사람에게 또 다른 충족감을 주었다. 심지어는 거적을 메고 다니면서 장소를 가리지 않고 매춘을 하는 여자들도 있었다. 이들은 머리에 수건을 쓰고 얼굴을 하얗게 화장을 했으며 옆구리에는 거적을 끼고 있었다. 따라서 한번 보기만 해도 이들이 매춘부라는 것을 쉽게 알 수 있었다.

　그리고 일시적인 매춘도 성행했다. 직업으로서가 아니라 일시적으로 돈이 필요한 경우 이들은 수건을 쓰지 않았고 거적도 들지 않았다. 대부분 자기 집이나 정해놓은 술집에서 몸을 팔았기 때문이다.

　'유나湯女'라는 매춘부도 있었다. 이름에서 짐작할 수 있듯이 목욕탕을 근거지로 해서 매춘을 하는 여자들을 가리켰다. 일본의 풍습 가운데 혼

에도의 목욕탕. 葛飾北齊

욕만큼 널리 알려진 것도 드물 것이다. 16세기 말에 일본을 방문한 한 조선통신사는 혼욕에 대해 "남녀가 육체를 드러내고도 서로 괴이하게 여기지 않고 오히려 객을 유인하니 이는 금수와 다를 것이 없다"라고 평가했다. 유나는 매춘이 공식화된 에도 시대에 이르러 막부의 강력한 단속에 의해 자취를 감추게 되지만 그 이전까지 대표적인 매춘부였다.

 ## 해외 매춘

외국으로 나가서 몸을 파는 여자를 '가라유키'라고 불렀다. 막부 시절 엄격한 쇄국정책으로 일본과 무역을 할 수 있는 나라는 중국, 네덜란드, 그리고 조선뿐이었다. 일본에서는 중국과 조선에서 전래된 문물 앞에 '가라唐'라는 말을 붙여 사용했다. 그래서 외국으로 나가 몸을 파는 여자에게도 앞에 '가라'라는 말을 붙였던 것이다.

이들은 다양한 방법으로 해외로 나갔다. 자발적으로 해외에 진출해 외화를 벌어들인 경우도 있지만 인신매매업자에게 잡혀 각지로 팔려나간 경우가 대부분이었다. 해외로 팔려나간 매춘부들은 대부분 항구도시인 나가사키長崎나 하카다博多에서 어둠을 틈타 배의 석탄 창고 등에 감금당한 채 끌려갔다. 자발적이든 납치에 의한 것이든 대부분의 매춘부는 가난한 집안의 딸이었다.

수산시험장 기사였던 마루카와 히사토시丸川久俊의 《일본 어업의 해외 발전》이라는 글을 보면 다음과 같은 말이 나온다.

"일본인의 해외 이주는 어부가 앞서고 그 뒤를 매춘부가 뒤따르며, 그 후에 상업관계자의 진출이 이루어졌다고 말할 수 있다."

일본인들의 성풍속을 엿볼 수 있는 대목이다. 일본인들은 전쟁 중에도 매춘부들을 데리고 다니면서 즐겼다. 또한 성적 욕구가 존재하는 곳이면 어디든 매춘부가 고개를 내밀었다.

1920년경 자바 지역 일본인 회장으로 일본 매춘부를 일본으로 돌려보내는 일을 맡았던 난부 미오키치南部三保吉는 이렇게 적었다.

"당시 남양의 일본인 매춘부 수는 500~600명 정도로 헤아릴 수 있다."

20세기 초 남양에는 일본인들이 진주를 채취하기 위해 일찍부터 진출해 있었다. 진주 채취를 하는 잠수부는 대개 8~9개월 정도를 바다에서 일하고 2~3개월은 육지에서 생활했는데 그들의 성적인 욕구를 충족시키기 위해 많은 매춘부가 그곳에 모여들었다.

 ## 매춘부의 미덕과 비극

일본의 매춘부가 매우 예의 바르고 얌전하며, 게다가 인내력이 강하다는 것 역시 문제점으로 거론될 수 있다. 물론 이 특징은 유곽에 들어갔기 때문에 생긴 결과라기보다는 일본인의 부덕婦德의 작용이라고 생각하는 편이 옳을 듯하다. 일본의 부덕은 유곽이라는 어두운 지역까지도 영향을 미쳤다.

18세기 일본의 주자학자였던 가이바라 에키켄貝原益軒은 민중들 사이에서 오래 전부터 존재하고 있던 부덕에 대한 견해를 그의 저서《여대학女大學》에 정리했는데 그의 가르침에 따르면 부인의 주된 덕은 다음과 같은 것이다.

부모의 권위에 무조건적으로 복종할 것

자기를 희생할 것

삼가할 것

신중할 것

관대할 것

이와 같은 덕목을 제시한 것은 여성이 지혜가 모자라고, 10명 가운데 7,8명은 다섯 가지의 마음의 병을 지니고 있기 때문이라고 한다. 다섯 가지의 병은 유순하지 않은 것, 화내고 원한을 품는 것, 타인을 비방하는 것, 질투하는 것, 어리석은 것이다. 그렇기 때문에 남자에게 의지해야 한다.

그래서 어려서는 부모에 의지하고 결혼해서는 남편을, 남편이 죽으면 아들에게 의지해야 한다는 이른바 삼종지덕三從之德을 설파했다. 그래서 근대 일본에서는 가이바라 에키켄을 여성에게 순결 의식을 심어준 창시자로 꼽는 데 주저하지 않는다.

이 설명에 따르면 오늘날 빈곤한 가족이 몇년 동안의 계약을 통해 얼마간의 돈을 받고 딸을 유곽에 맡기는 상황을 이해할 수 있게 된다. 딸은 부모의 결정에 복종해야 하기 때문이다.

그러나 이 생각에 반대하는 의견도 있었다. 누군가 필명으로《여대락女大樂》이란 책을 발간했다. 제목에서 보듯《여대학女大學》에 대한 반론임을 쉽게 알 수 있다. 시부모와 남편의 공양에 힘써야 한다는 가이바라의 말에 대해 정작 중요한 것은 성性이며 성에 관심을 가지지 않으면 남편에게 버림을 받을 수 있다고 반박했다. 춘화도 함께 실려 있는《여대락》은 당시의 유교적인 금욕으로 인한 여성의 굴레를 풍자적으로 비판했다. 한편으로 《여대락》은 에도시대 서민의 자유로운 성풍속을 반영한 것으로도 볼 수 있다.

외국 관광객의 눈에 비친 일본의 유곽은 매우 청결하고 공손한 여자들이 있는 곳이었다. 이는 일본 여성이 어릴 때부터 여성으로서의 도리를 교육받았기 때문이다. 따라서 부모의 결정에 따라 유곽으로 팔려가는 것도 큰 문제가 되지 않았다.

요시와라의 여자는 직업적으로 국가와 경찰로부터 특권을 부여받고 있다. 예를 들어 여자가 자기의 이익을 위해 거리를 방황하며 남자를 찾아다니는 경우 경찰은 그녀를 붙잡아 요시와라에 넣고 사람들이 그 구역 안에서 평화롭게 즐길 수 있도록 하는 것이다.

이들 여자 가운데 보다 좋은 여자는 기생으로 화류계에 진출한다. 그들은 격자의 뒤에 있는 매춘부보다 상대적으로 비싸다. 대개의 기생들은 노래나 춤을 능숙하게 구사하는데 그것이 가능하지 않은 기생은 심심한 가장이나 그 집의 아들, 여행자, 부정한 남편, 그 하인들을 위한 것이었다.

요시와라의 헛된 아름다움과 기만은 가련한 여자 부랑자의 경우보다 훨씬 심하고, 또한 거역할 수 없을 정도로 강렬하게 남자들을 유혹한다. 그리고 그곳에서는 병에 감염될 확률이 매우 높다. 요시와라의 여자는 사람을 가리지 않고 몸을 맡겨야 하지만 기생으로 화류계에 진출한 여자는 손님을 선택할 수 있었고 자기 몸을 소중히 했다.

또한 기생이 요시와라의 여자들보다 자유로웠다. 그들은 결혼을 하거나 일반 시민으로 돌아갈 수도 있었다.

독일의 매춘부가 아돌프 크니게A.Knigge의 도덕적인《남자의 성행위》라는 책을 문제 삼지 않는 것처럼 요시와라의 여자들도 가이바라 에키켄의《여대학》이라는 책을 문제 삼지 않았다. 왜냐하면 여자들은 매우 잔혹한 유곽에 속해 있고 그곳의 규율에 절대 복종해야만 했기 때문이다. 많은 희생자를 필요로 하는 평화의 낙원, 그곳이 바로 요시와라이다. 그곳은 오직 복종만이 존재한다.

독일의 빈에서는 부모, 또는 후견인이 경찰서에서 구두나 문서로 딸의 직업 선택에 동의를 하지 않는 한 어떤 여자도 건강 수첩을 받지 않는다. 독일에서도 빈궁한 가족이 얼마간의 돈을 받고 딸을 유곽에 팔지만 명예심 높은 부모는 독일이 되었건 일본이 되었건 딸에게 그와 같은 일을 시키지 않는다.

일본에서도 독일처럼 어른이 된 딸이 유혹에 빠지지 않도록 깊은 주의를 기울인다. 그리고 딸을 순결하고 처녀인 채로 신랑에게 인도한다.

일본은 다른 많은 나라처럼 호전적인 토대 위에 성립되어 있고, 또한 그들의 기원이 지니고 있는 특징을 지금도 가지고 있다. 즉 일본에서는 무사 계급과 그 상급 지휘관이 모든 것을 지배하고 그 외의 민중, 특히 여성은 지배 계층을 보살피고 위로하기 위해 봉사해야만 했다.

요시와라는 아내가 없는 군인에게 가장 먼저 제공된다. 그리고 헤르만 텐 카테Hermann von Katte 박사가 지적한 것처럼 일본군이 승리의 나팔을 불며 진격해서 점령한 곳에는 그곳이 어디이건 부도덕과 외설이 만연했다. 혹은 자기 나라의 여자를 군인이 능욕하지 못하도록 하는 목적을 지닌 유곽이 출현했다.

일본군은 자기 나라 바깥에서도 조국에 충실했던 것이다. 이 나라는 군인의 위안 문제 해결책을 발견했을지는 모르지만 매춘의 해결책은 찾아내지 못했다. 만약 그것을 찾아냈다면 그들의 호전적인 조직은 여성과는 전혀 관계가 없는 것이 될 것이다. 그들의 조직에서 여성은 관능을 만족시키는 것과 아이를 낳는 불가결한 수단에 지나지 않았던 것이다.

1880년 요시와라에는 5,600명의 매춘부가 있었다. 18세기의 의사인 다치바나 난케橘南谿는 교토 인구의 절반이 매독에 걸려 있다고 밝혔다. 그것이 에도 시대로 들어오면서 외국인과의 교류가 활발해지며 그 숫자는 더욱 늘어났다. 에도의 여자 가운데 16명에 1명은 어떤 형태로든 매춘과 연관이 있었다고 한다. 위의 사실만을 놓고 보아도 그 당시 매춘이 얼마나 성행했는지를 단적으로 보여준다.

브룬휴버Brunnhuber의 보고에 의하면 1907년에는 매춘부가 3만 명으로 증가했다고 한다. 또한 요시와라 이외에도 후카가와深川에 제2의 장소가 있었고 근교, 특히 항구 도시에 많은 유곽이 있어서 매춘부가 가정부로 일하고 있었다. 또한 지옥녀地獄女라고 부르는 여자들은 자기 집에서 비밀리에 매춘을 했다. 여기저기서 매춘이 성행했던 것이다.

일본의 정부와 그 기관은 크고 강력하지만 한편으로 국민들은 경제적으로 쇠약했다. 그리고 문제가 되었던 것은 뿌리 깊은 민족성은 동요하고 있는데 거기에 어울리는 높은 가치관이 외국에서 들어오지 않았다는 점이다. 모든 부와 권력이 국민들 사이에 뿌리를 박고 있지 않았기 때문에 처음부터 붕괴의 싹을 키우고 있었던 것이다.

요시와라는 도저히 믿을 수 없을 정도로 전성기를 유지했고 그대로 방치되었다. 새롭게 개화된 일본에게는 더할 수 없는 불명예였겠지만 수천만을 헤아리는 일본의 처녀와 여자는 불행과 재앙으로 가득 찬 군국주

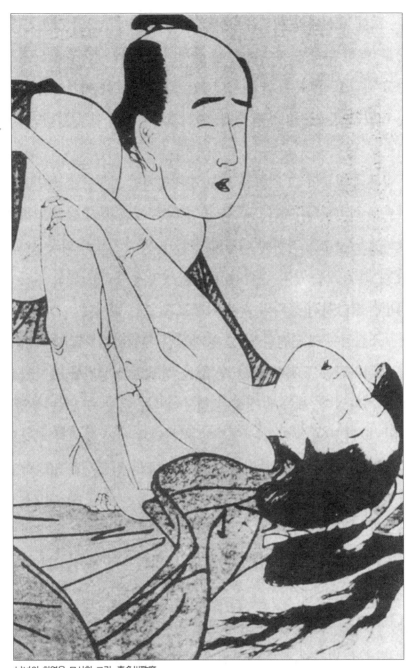

남녀의 희열을 묘사한 그림. 喜多川歌麿

의 · 자본주의적인 약탈 경제의 희생자로 고민하고 괴로워서 몸부림쳤던 것이다. 20만 명의 사람들은 매일 10~12시간 동안 공장의 먼지와 악취를 마셔야 했다. 15만 명의 사람들은 절에서 무미건조한 생활을 보내고 있었으며 약 15만의 가정은 창이 없고 어두운 대도시의 방에서 살고 있었다. 마드리드, 런던, 뉴욕의 서민과 마찬가지로 새로울 것이 없는 생활을 하고 있었다. 지배 계층은 화려하고 피지배 계층은 다툼 속에서 살았던 것이다.

 # 매춘의 의식

당국의 매춘 규칙 가운데 어떤 손님도 24시간 이상 동일한 집에서 머물 수 없다는 항목이 있다. 이 항목은 눈길을 끈다. 다른 목적이 있거나 개혁의 의지를 가지고 이 항목을 설정한 것은 아니다. 하루 만에 청산하는 기간혼期間婚이라는 태고의 풍습을 법제화한 것에 다름이 없다.

그래서 일본에서는 독일처럼 매춘부라고 부르지 않고 '일시적인 아내'라고 부른다. 손님은 응접실에서 석 잔의 술을 마시는데 이것은 결혼식에서 빠져서는 안 되는 것으로 실제 예식에서는 의식에 따라 거행된다. 여자는 신조新造라고 부르는 젊은 여자와 나타나는데 신조가 전통적인 관용어를 읊조리면서 두 사람을 맺어준다. 드 베커의 말을 빌리자면 그들은 '신성하지 않은 부부'인 셈이다.

유곽의 의식과 관련해서 시마바라의 가시식假視式이라는 것을 예로 들

등꽃으로 에워싸인 방의 전경. 菱川師宣

수 있다. 손님과 매춘부는 술을 마시게 되는데 남자는 아래에 앉고 여자가 상석에 앉는다. 이때 여자가 마신 술잔을 남자가 받지 않으면 잠자리를 같이 할 수가 없다. 이것은 매춘의 기원을 암시하는 의식으로 고대에 신의 제사를 무녀가 거행했기 때문에 여자를 통해서 신과 만날 수 있다는 생각이 잠재되어 있다. 여자가 마신 술잔으로 술을 마셔야 비로소 남자는 결혼할 자격이 생기는 것이다. 따라서 첫날은 잠자리를 같이 할 수가 없다. 둘째 날이 되어서야 함께 잠자리를 같이 한다.

따라서 응접실에서 술을 석 잔 마시는 것도 본문에 설명되어 있는 것처럼 신성한 결혼을 위한 의식의 일부인 셈이다. 그렇기 때문에 유곽에서 행해지는 의식을 베커가 '신성하지 않은 결혼'이라고 부른 것이다. 그렇다고 해서 일본의 유곽에서 행해지는 의식이 신성하지 않았다고 말할 수는 없다. 그것은 그들이 그 의식을 유희로 생각하거나 희화적으로 생각하지 않았기 때문이다. 다른 문화권의 사람이 볼 때 연출된 연기처럼 보이는 것도 사실이지만 그들은 성실하게 의식을 거행했다.

일본에서는 고대와 그 이전의 시대에 부권父權과 함께 모권母權이 존재하고 있었다. 이것은 확실한 사실이다. 모권의 본질은 아이를 만드는 사람이 한 부인과 일시적인 결혼 관계를 맺고, 아이의 모든 권리와 의무를 모친에게 모두 귀속해 아이는 아버지에게 속하지 않는다는 점이 아닐까?

고대 이집트와 마찬가지로 일본인 역시 새로운 발전 형식이 등장해도 태고의 사회제도를 버리지 않고 유지해 왔다. 그뿐만 아니라 남자에게 순종적인 여자만이 유곽으로 들어갔고, 끝없는 타락에서 구원하겠다는 명분으로 국가의 완전한 보호 아래에 두었던 것이다. 그 때문에 요시와라를 서양의 홍등가와 비교하는 것은 민속학적으로 옳지 않다. 일본의 기생을 시민사회에서 추방하고 공적인 권리를 박탈해서 노예로 삼은 유럽의 매춘부와 동일한 시각에서 바라보는 것은 잘못된 것이다.

이와 마찬가지로 일본인이 몰락한 민중의 매춘과 외설적인 행위를 비난하는 것 역시 이치에 맞지 않는다. 왜냐하면 비방이라는 것은 그것이 발생한 곳으로 되돌아가기 때문이다.

연구가들 가운데에는 다양한 축제, 특히 꽃 축제 때에 요시와라의 매춘부들이 벌이는 화려한 행렬에 대해 서술한 사람이 많이 있다. 드 베커는 매우 상세하게 그 사실을 기록했다. 가장 아름다운 기모노를 입고 장식품으로 몸을 치장한 그들은 남자들 앞을 지나간다. 목적은 당연히 남자들을 유혹해서 낮과 밤의 결혼, 즉 기간혼을 하기 위한 것이다. 그러나 운이 좋은 경우에는 그 기간혼이 오랫동안 지속되는 '영속혼永續婚' 이 되

제례 행렬. 奧村政信

기도 한다.

　이와 같은 공공연한 매력이 넘치는 매춘부 전람회는 상업적인 요시와라의 유곽 주인들이 현대에 이르러 궁리해 낸 것이 아니다. 상당히 보수적인 일본 민중이 지니고 있는 다른 많은 풍습과 마찬가지로 오래된 역사를 가지고 있다고 말할 수 있다. 여하튼 이 풍습은 가족이라는 울타리

안에 있는 여자들이 벌이는 꽃 축제와 아주 좋은 대조를 보인다.

　알렉산더 미트로빅 박사는 유고나라 이름의 기간혼에 대해 기록을 남겼다. 그것은 요시와라의 매춘부에 비교해서 민속학적으로 가치가 있다. 그 기록은 이렇다.

　"결혼 적령기에 이른 농촌의 처녀들은 은화가 충분히 생기면그들이 손쉽게 돈을 버는 방법에 대해서는 말하고 싶지 않다. 그러나 너무나 명확한 일이다가지고 있는 돈을 모두 털어 장식된 옷을 사서 입고 시장으로 간다. 한 젊은이가 자기와 어울린다고 생각되는 처녀를 발견하면 그는 그녀를 데리고 춤을 춘다. 그들은 부모 앞에서도 아무렇지 않게 춤을 춘다. 그리고 두 사람은 필요한 것들에 대해 이야기를 나누고 그날 밤 상대방을 자기 집으로 데리고 간다."

　그날 밤부터 두 사람은 남편과 아내처럼 생활을 하는데 아마 나중에 결혼을 할 것이다. 시험 결혼이라는 제도는 미개 민족 사이에서 널리 행해졌다. 벅스키는 증거를 제시하며 그것을 입증했다. 즉 젊은 남자는 일정 기간 처녀와 비합법적으로 생활을 하는 것이다. 그리고 그 사이에 임신이 되지 않으면 그 관계는 해소된 것으로 간주되어 두 사람은 새로운 연인을 찾게 된다. 따라서 처녀가 몇 년 동안 연인을 계속해서 바꾸다가 마침내 아이를 낳고 떳떳하게 결혼을 하는 것이다.

　이런 경우는 세계 곳곳에서 발견된다. 고대에는 남자와 여자가 오랫동안 비합적인 생활을 하다가 임신이 되면 비로소 결혼을 하는 풍습이 많았다.

　이 시험 결혼의 기간이 상당히 긴 경우도 드물지 않았다. 필리핀 북부에서는 일정한 기간 내에 임신이 되지 않으면 몇 년이 지난 후에도 관계

요시와라에서 춤추는 유녀들. 歌川豊春

청산이 가능했다. 또한 쌀을 7번 경작할 때까지 임신이 되지 않으면 아내와 헤어질 수 있는 곳도 있었다.

　일본에서는 가난한 부모가 딸을 요시와라에 팔지만 아드리아 해 연안에 있는 북北달마티아에서는 시장에 데리고 간다. 일본이나 북달마티아 모두 처녀는 남자들이 넋을 잃을 정도로 장식을 하고 나타난다. 그 목적은 많은 앞선 사람들이 그렇게 해서 사랑을 손에 넣은 것처럼 영속적인 부부 관계를 맺기 위한 것이다.

요시와라의 유곽언어

요시와라에서는 당연히 일본어를 사용하고 있었지만 그들 나름대로의 독자적인 언어도 있었다. '유곽언어'가 그것이다.

요시와라에 있는 여자들은 일반적으로 하층 계급 출신이었다. 그들은 외면적으로는 귀부인의 화려한 의상을 몸에 두르고 귀부인의 행동거지를 흉내 내며 때로는 유행을 선도하기도 했다. 그러나 그들은 정신적으로 귀부인이 될 수 없었고 평소에 집에서 사용하던 언어를 사용했다.

빈곤 때문에 유곽에 온 여자 이외에도 정신적으로 열등한 여자, 선천적으로 음란한 여자, 범죄 성향을 지닌 여자 등도 많이 있었다. 그들은 요시와라에서도 본래부터 사용하고 있던 표현을 사용했다. 그러나 말은 직업 때문에 더욱 거칠어지게 된다. 그 말은 그들에게 접근하는 남자들에게 독자적인 의음擬音으로 의미가 없는 애무의 말이 된다. 이것은 오스트리아 빈의 매춘부가 그녀에게 접근하는 남자에게 어리광을 피는 것과 동일한 것이다.

우선 관용어는 그녀들 사이에서 행해지는 사교에 도움이 된다. 왜냐하면 사업주나 고객에 대한 착취와 복수의 공동체를 이룰 수 있기 때문이다. 그들은 자주 사투리나 우회적인 표현을 사용했다. 그리고 그들만이 알아들을 수 있는 특징적인 은어를 구사했다.

특히 요시와라의 여자는 음절을 바꾸거나 끼워 넣어 만든 말을 사용했다. 그들은 음악, 물건을 두드리는 소리, 암호를 통해 손님의 지불 능력과 그 외의 장점을 손님이 알아차리지 못하게 하면서 서로에게 알렸다.

직업상의 말이나 우회적인 표현은 흔히 있는 일이다. 그러나 어떤 것에 대해 저녁과 낮에 다른 말을 사용하는 것은 상당히 관심을 끈다. 예를 들어 등잔의 심지를 '마른 남자'라고 부르고 식초를 '아마리'라고 부른다. 이런 말 뒤에는 밤의 정령이 그들의 악희惡戱를 싫어하게 만들거나 밤의 정령이 찾아오지 못하게 하는 신앙이 감추어져 있다는 것은 의문의 여지가 없는 사실이다.

유곽언어가 생기게 된 또 다른 이유는 매춘부들의 출신지와 성분이 다르기 때문에 공통적으로 활용할 수 있는 언어가 필요했기 때문이다. 또한 당시의 주요한 손님이었던 신흥 상인 계급이나 군인들이 사투리를 좋아하지 않았기 때문이다. 유곽언어의 대부분은 서민들이 사용하는 말에서 온 것으로 상류층에서 사용하는 말은 포함되지 않았다. 이 또한 상류층에 대해 거부감을 지니고 있는 상인 계급을 상대하기 위해서라고 한다.

 ## 매춘부의 주문 신앙과 관습

세계 모든 지방에서 여성은 주문 신앙을 보호하는 사람인 동시에 그것을 계속 유지하는 사람이기도 했다. 특히 사랑을 하고 있는 여자나 사랑에 의해 살아가는 사람들 대부분이 그렇다고 할 수 있다. 사랑의 상인은 사냥꾼과 성향이 비슷하다. 사냥꾼은 사냥개를 데리고 사냥을 나갈 때 우연과 행운을 매우 중요시하는데 자기가 섬기는 신에게 거의 강제적으로 우연과 행운을 요구한다. 정령에게 호감을 얻도록 노력하거나 정령의 방해를 막기 위해 애쓰며 성공과 실패를 스스로에게 암시한다.

꿈, 예언, 그리고 전조를 믿기도 한다. 이러한 신앙은 정해진 기준에 따라 말, 행동을 비롯한 그들이 행하는 모든 것에 영향을 미친다. 예를 들어 요시와라의 여자나 기생들은 '차茶'라는 말이 불행을 초래한다고 생각하고 사용하지 않으려고 한다. 그 까닭은 차와 관계된 말 가운데 '차를 가루로 만들다お茶をひく'라는 말이 있는데 기생들이 손님이 없어 한가하다는 뜻으로 쓰이기 때문이다. 대개 평이 좋은 않은 여자에게 사용한다. 이 말이 생기게 된 이유는 다음과 같다.

교토 근처의 우지宇治라는 곳에 있는 매춘부들은 1569년부터 1614년에 걸쳐 당국의 허가가 나지 않아서 남자 손님을 일반 여자들에게 넘겨야 했었다. 그 때문에 그들은 차茶 가루를 빻으며 시간을 보냈다. 우지는 차의 명산지였다. 이 사건으로 인해 차를 가루로 만든다는 말은 손님이 없어 한가하다는 의미가 되었다.

그래서 매춘부들은 차를 '아가리바나上花, 위로 올라가는 꽃'라고 불렀고 계단을 올라가는 손님을 가리키는 말로도 사용했다. 그 외에 '황매화 나무'나 '우지'라고 부르기도 했다. 기생들은 차를 '오데바나お出花, 튀어나온 꽃'라고 불렀다. 이것은 출구라는 뜻과 선물의 수집이라는 의미를 표현하고 있다.

또한 계단에 앉아 있는 것은 좋지 않다고 생각했다. 그 까닭은 계단에 앉아 있으면 손님이 줄어든다고 믿었기 때문이다. 다른 집에서 기르고 있는 고양이나 닭이 거실을 지나면 곧바로 그 동물을 붙잡아서 주인에게 가지고 간다. 동물이 거실을 가로질러 가도록 내버려두면 손님이 집에 머물지 않고 간다고 믿었기 때문이다.

밤이 되면 매일 가게의 우두머리는 신을 모셔놓은 단옛날에는 성기 숭배의 상징이 장식되어 있었다에 절을 하고, 긴 줄에 걸려 있는 한 다발의 막대기로 두세 번 집을 치고 나서 맨손으로 집의 문장을 만지면서 쥐와 비슷한 소리를 낸다. 이 주문은 많은 손님이 찾아오게 해달라는 것이다.

매춘부들은 무사가 아침에 유곽을 방문하는 것을 매우 좋아한다. 행운을 의미하기 때문이다. 중이 저녁에 찾아오는 것도 마찬가지였다. 그래서 '아침에는 무사, 저녁에는 중'이라는 말이 생겼다. 또한 모든 매춘부들은 '쥐 울음소리'라고 큰 소리로 말한다. 이 말은 행운을 빈다는 뜻으로 사용되었다.

작가인 짓펜 샤이쿠十返舍一九는 그의 책 《상매왕래商賣往來》에서 고대와 당시의 신앙에 대해 자기의 견해를 피력해 놓았다. 또 어떤 신앙은 자기가 들은 것이 아니라 타인의 저서에 기록되어 있던 것이다.

민속학적으로 볼 때 유곽에서 일반 여성들이 가지고 있는 신앙의 싹을 찾아낼 수 있다는 기대를 품어도 좋다. 여기서 문제가 되는 것은 유곽이라는 환경 때문에 다른 지역에서 찾아낸 신앙이 어떤 의미를 지니게 되는가이다. 몇 가지 예를 살펴본다. 애타게 기다리는 사람을 자기 쪽으로 오게 만들기 위해 다음과 같은 관습이 있었다.

1. 뱀장어 구이를 벽에 찔러 놓고 애타게 기다리는 사람이 오기를 기원한다. 이 행동은 특별한 효험을 발휘한다고 믿었다. 이 상징의 성적 의미는 명확하다. 뱀장어는 남성 성기를 의미하고 벽의 구멍은 여성의 음부를 의미한다.
2. 종이로 개구리를 만들어 등에 손님의 이름을 적고 침으로 찌른다. 그리고 다른 사람이 보지 못하는 장소에 그것을 둔다. 그렇게 하면

매춘부들의 풍속도. 西川祐信

애타게 기다리는 사람이 반드시 나타난다. 기다리던 사람이 나타나면 바로 침을 뱉고 종이 개구리를 강에 흘려보낸다.

3. 하얀 종이를 가로 세로 5센티미터로 잘라서 두 번 접고 포장지 안

에 넣고 기다리는 손님의 주소를 적는다. 이 주문은 교토의 유곽에서 유행했던 것으로 에도에서는 별로 하지 않았다.

4. 애타게 기다리는 사람의 이름에서 첫 번째 글자와 그 사람이 태어난 날을 종이에 적어 사닥다리의 아래에서 세 번째 단에 붙인다. 그리고 그것을 아무도 알지 못하게 감추어 둔다. 그리고 누군가가 사닥다리가 있던 장소에서 신발을 떨어뜨리거나 계단에서 떨어지면 이 주문은 확실한 효과를 발휘한다고 한다.

5. 어떤 매춘부가 특정한 손님을 부르고 싶을 때에는 그 사람에게 보내는 편지를 준비해서 봉투에 '내가 사랑하는 사람에게' 라는 뜻이 담긴 시의 구절을 적고 '친지로부터' 라고 적는다. 이 편지를 십자로에 떨어뜨려 놓는다. 그리고 그것을 누가 주워도 주술의 효과는 줄어들지 않는다.

6. 얇은 습자지를 문에 거는 발 모양으로 접어서 접힌 곳마다 여우狐라는 글자를 적는다. 그리고 다른 사람이 보지 못하도록 그것을 장롱 깊숙이에 넣고 기다리는 사람이 하루라도 빨리 찾아오기를 기원한다. 그 사람이 나타나면 바로 몰래 꺼내서 그 종이를 버린다.

7. 매춘부는 한 손님과 동거하는 것을 결혼이라고 간주한다. 물론 이 결혼은 일반 시민들의 결혼과는 기간이 짧다는 점에서 다르지만 서로 마음에 들면 몇 번이고 되풀이할 수가 있다. 그 때문에 매춘부는 결혼식의 주문을 외운다. 종이로 끈을 만들어 본인은 가운데를 꽉 잡고 동료들이 양쪽 끝을 묶는다. 그 종이끈을 당겨서 팽팽해지게 만든다. 그때 끈이 얽히면 그 결혼은 확실한 것이라고 믿는다. 여기에 사용한 종이끈을 담뱃대에 묶으면 기다리고 있던 사람이 나

타난다.

8. 일곱 가닥의 종이끈을 하나로 묶어 그 가운데를 꽉 잡고, 일곱 가닥 가운데 네 가닥을 두 가닥씩 양쪽 끝에서 쥔다. 남은 세 가닥은 두 가닥과 한 가닥을 묶는다. 마지막의 두 가닥 가운데에서 하나는 여자를 의미하고 '여자'라고 부른다. 그리고 끈 전체를 당기면 얽히거나 얽히지 않을 수도 있다. 또한 세 가닥 가운데 한 가닥은 이상하게 다른 끈과 얽히기도 한다. 이 경우 그것을 경계선이라고 생각하고 다른 두 가닥의 길이와 비교한다.

이 경우 두 가닥 가운데 하나는 '남자', 다른 하나는 '여자'라고 부른다. 만약 남자의 끈이 길면 그의 애정이 매우 깊다는 것을 의미한다. 또한 여자의 끈이 길면 그녀의 사랑이 깊은 것을 의미한다. 종이끈이 행운을 가져다주기를 바라면서 허리띠 끝에 단단하게 묶어서 남자를 유혹하는 주문으로 지니고 다닌다. 결국 기다리던 사람을 만나게 되면 종이끈을 남들이 보지 못하도록 몰래 떼어서 버린다. 만약 여자가 그것을 허리띠에서 떼어내지 않고 그대로 애인과 잠자리를 같이 하면 그 주문은 그때부터 효력을 상실하게 된다.

9. 정령을 믿었던 유럽의 일부 사회에서 높은 평가를 받았던 정신감응의 방법이 일본의 매춘부들 사이에서도 행해졌다. 이것은 중세의 무수한 주문의 절차와 마녀의 절차, 특히 죽은 자의 외침을 통해서 알려졌다. 사형을 당하는 사람이 사형을 당하기 전에 "나는 일정한 기간이 지난 후에 원고나 재판관에게 반드시 돌아올 거야"라고 맹세하고 죽으면 사람들은 그 말을 믿었다. 여자들은 애인의 집에 대해 본 것과 생각한 것을 정리해서 그곳으로 가는 길과 거리를 마음

속으로 계산한다. 다음에 상상으로 자기 집에서 애인의 집까지 한 걸음씩 헤아린다. 잠시 후에 원하는 사람을 만나 그날 밤 자기 집으로 와달라는 부탁을 하고 있다고 상상한다. 마지막으로 그로부터 승낙을 받고 갔던 길을 돌아서 집에 돌아온다고 마음속으로 생각한다. 이와 같은 작업은 모두 상상 속에서 이루어진다. 그리고 만약 다른 손님이 있을 때에는 그 손님이 알아차리지 못하도록 해야 한다.

10. 한 장의 습자지로 서로 연결되어 있는 사람의 형태를 7개 잘라낸다. 그리고 눈, 코, 입을 그려 넣는다. 그러나 7개 모두에 그려 넣는 것은 아니다. 두 개는 코나 입을 그려 넣지 않고 눈만 그려 넣는다. 가운데 있는 것의 배에 애인의 이름 첫 자를 세 번 적고 나머지 여섯 개의 가운데에 다섯 번을 적는다. 침으로 가운데에 세 글자를 적은 한가운데를 위로 찌르고 기다리던 사람이 왔을 때 모자라는 신체 기관을 그려 넣어 강에 흘려보내겠다는 엄숙한 약속을 한다. 그리고 아무도 보지 못하는 장소에 그것을 감추어 둔다. 기다리던 사람이 정말로 나타났을 때 모자라는 기관을 그려 넣고 우물이나 화장실에 던져버린다.

11. 아침 일찍 평소에는 사람이 살지 않는 거리와 맞닿아 있는 방으로 가서 미닫이를 열고 신발을 창틀 위에 놓는다. 다음에 방 가장자리에서 가슴 언저리에 손을 넣고 눈을 감고서 유명한 오래된 노래를 세 번 부른다. 그리고 주의 깊게 귀를 기울이면 기다리던 남자가 오는지 그렇지 않은지를 알려주는 속삭이는 소리가 어렴풋이 들려올 것이다. 이 경우 보통 환청이 가세해서 기대하고 있던 소리가 실제로 들려온다. 이것은 상상력에 의한 것으로 상상력은 이

토록 강력한 것이다.

장사가 잘 되지 않을 때 손님을 불러들이는 주술

장사가 잘 되지 않을 때나 손님을 불러들이고 싶을 때에는 쑥을 매일 사용하는 목침 아래에서 태우거나 두 개의 목침을 끈으로 단단하게 묶어 어두운 방에 던져 넣는다. 이 주술은 상당한 효험이 있다고 한다.

부정한 남자를 끌어들이는 주술

부정不貞한 남자를 오게 해서 그의 바르지 못한 행위를 비난하고 싶을 때는 그 남자에게 말하고 싶은 것을 모두 적는다. 다음에 개구리의 등에 편지를 올려놓고 침을 찔러 떨어지지 않게 해서 그 남자에게 전해 달라고 부탁한다. 이 경우 개구리에게 "만약 네가 그 남자의 소매 속에 몰래 들어가는 데 성공하면 등에 꽂아놓은 침을 빼줄게"라는 약속을 해야 한다. 개구리는 이 부탁을 수행하고 다시 돌아와 죽는다. 한편 이 부정한 남자는 소매 속에서 편지를 발견하고 비밀스러운 설명을 직접 듣기 위해 그녀를 찾아오게 된다.

싫은 손님을 내쫓아내는 주술

싫은 손님, 귀찮은 손님을 쫓아내기 위해서는 어떻게 해야 할까. 일본의 주술은 중부 유럽의 그것과 차이가 난다. 중부 유럽에시는 돈이 떨어졌거나, 귀찮거나, 별 효용이 없게 된 손님에게 비교적 정중하게, 그리고 재빠르게 집 밖으로 나가달라고 부탁한다. 이때 사람들은 그 손님의 엉덩이를 강하게 밀어내며 도와준다.

그런데 요시와라에 있는 시간제 아내는 정해진 시간 동안 그녀에게 돈을 지불한 남편에게 머리를 수그리고 복종해야 한다. 그들에게 시간은 돈과 자유를 의미하기 때문에 헛된 사랑을 위해 자기 몸을 팔지 않는다. 따라서 단호하게 관계를 청산해야 한다. 왜냐하면 호색한 매춘부들에게 그들이 일을 하는 일 년 가운데 300일 동안 평균 468명의 손님이 찾아오기 때문이다. 24시간을 한 사람과 보낸다면 손해가 아닐 수 없다. 따라서 적절한 때에 손님을 쫓아내는 것이 중요했다.

그런데 일본과 중국에서 사람들은, 특히 상류 사회의 사람이나 매춘부들은 매우 온화하다. 품위 없이 이야기하거나, 저속하게 말하거나 행동하지 않으려고 한다. 왜냐하면 다른 사람에게 상처를 주거나 모욕을 안겨서는 안 되기 때문이다. 따라서 매춘부들은 정중한 태도로 그곳에 눌러앉아 있는 사람에게 가법家法을 사용하기 위해 집의 정령에게 중개를 부탁한다. 매춘부들은 손님들을 문 밖으로 내쫓지 않는다. 그렇지만 자기가 원하는 주술을 남들이 보는 앞에서 준비한다. 남자는 그 사실을 알고 물러나게 된다. 그렇다면 어떤 주술을 사용할까?

1. 종이로 만든 끈으로 개의 모양을 만든다. 옆방의 옷걸이나 경대에 개의 머리가 손님이 있는 방향으로 향하게 놓아둔다. 그리고 그 개에게 손님이 집으로 돌아갈지 계속 있을지를 바로 알려달라고 속삭인다. 그들은 돌아갈 손님은 바로 떠나게 만들고 머물러 있기를 원하는 손님은 상대하는 여자를 바꿔서 오랫동안 머무르게 할 수가 있다.
2. 허리띠 끝을 묶으면 손님은 바로 떠난다.

3. 종이 한 장에 미지근한 숯을 조금 싸서 그것을 손님의 발 언저리에 있는 방석 속에 숨겨놓으면 남자는 곧바로 떠난다.

4. 남자가 있는 옆방에 빗자루를 거꾸로 세워두고 그 아래에 신발을 둔다. 그리고 "자아, 빨리 가줘"라고 속삭이면 남자는 바로 떠난다.

5. 집에 신물이 나는 손님이 와 있을 때 그를 내쫓고 싶을 경우 빗자루를 거꾸로 세우고 자루를 수건으로 말고 부채를 흔든다. 그렇게 하면 신물이 나는 손님은 곧바로 떠난다. 그러나 손님에게 보이지 않도록 해야 한다. 이 주술이 효과가 없으면 쑥을 손님의 신발에 넣는다.

6. 그들은 쑥이 내키지 않는 손님으로부터 해방을 시켜주는 확실한 수단으로 생각했다. 그들은 쑥을 손님 신발의 발꿈치 부분에서 태웠다. 다른 주술로 자주 사용되는 것은 자루가 달린 빗자루를 부엌에 거꾸로 세워놓고 자루를 수건으로 말아서 강하게 부채질을 하는 것이다. 이 주술은 귀찮은 손님을 바로 쫓아준다.

7. 성가신 손님을 내쫓기 위해서는 나무공이를 불이 꺼진 솥에 넣는다. 나무공이가 남성 성기와 비슷하게 생겼기 때문일까?

기다리는 손님이 올지 어떨지를 알 수 있는 주술

애타게 기다리는 손님이 올지 어떨지를 알 수 있는 주술에는 다음과 같은 것이 있다.

1. 수건의 끝에서 실 한 오라기를 뽑아낸다. 제대로 잘 뽑히면 기다리는 손님이 곧 나타난다. 그러나 실이 끊어지면 그 사람은 두 번 다시 나타나지 않는다.

2. 술, 식초, 콩, 기름, 이를 물들이는 검은색 액체예전에 상류부인들 사이에서
   유행한 것으로 일시적으로는 궁중에 있는 남자들 사이에서도 행해지다가 에도 시대에는 결혼
   한 여자만 사용했다. 첫조각을 식초에 담가서 만든다와 같은 양의 물, 한 줌의 심
   지를 넣고 함께 끓인다. 그리고 애인의 성기를 그린 종이 한 장을
   그 속에 넣고 다시 얼마간 끓인다. 이 주술로 남자의 바람기를 완전
   하게 치유할 수 있다.

3. 아침 일찍 붉은 종이 한 장과 성냥 한 갑을 가지고 화장실에 간다.
   거기에서 종이를 태우고 그 빛을 이용해 대소변 항아리를 비춘다.
   그때 어렴풋이 알지 못하는 남자의 얼굴이 보일 것이다. 그 얼굴이
   미소를 지으면 그 남자와의 관계는 끝이다. 그러나 그 얼굴이 불안
   하고 우울하게 보이면 그 남자는 곧바로 찾아온다. 그리고 불타고
   있는 종이를 우연히 그 정령의 얼굴 위로 떨어뜨리면 그 남자의 얼
   굴에 화상의 흔적이 생기게 된다.

남자의 무사함을 알 수 있는 주술

남자가 소식이 없을 때 안부를 확실하게 알기 위해서는 어떻게 해야
할까? 먼저 아침 일찍 사람이 없는 방으로 가서 8장의 이불을 깐다. 빗자
루를 하나 들고 빗자루가 사람인 것처럼 옷을 입히고 허리에는 띠를 두
르며 얼굴을 수건으로 덮는다. 다음에 가슴 언저리에 친구 앞으로 보내
는 편지를 한 통 넣는다.

그리고 사람처럼 꾸민 빗자루에게 수취인에게 그것을 전하고 답장을
받아서 정해진 서랍 안에 놓아달라고 부탁한다. 계속해서 옷을 입혀놓은
뒤집혀진 빗자루를 벽 한 구석에 세우고 사람이 보지 않도록 조심해서

밖으로 나온다. 이 빗자루가 바람이 불지도 않는데 혼자 흔들리는 경우가 있다. 빗자루가 쓰러지면 주술이 효과를 발휘한 것이다. 그리고 정해진 서랍을 열어보면 답장이 들어 있다. 이렇게 하면 애타게 기다리던 사람의 소식을 받아볼 수 있다고 한다.

남자의 의향을 알아내는 주술

남자의 의향을 알아내기 위한 주술로 이런 것이 있다. 아침 일찍 손님이 잠들어 있는 사이에 이부자리에서 빠져나와 화장실에서 신발을 하나 가지고 온다. 손님이 잠에서 깨지 않도록 이부자리 속에 다시 들어간다. 손님이 잠에 빠져 있는 것을 확인하고 신발로 가볍게 남자의 가슴을 쓰다듬으면서 자기에 대한 남자의 진심을 물어본다. 남자가 꿈을 꾸면서 이 질문에 대답하면, 또한 자기의 비밀을 물어보면 그 남자는 자기 것이 된다. 주술이 끝나면 신발을 원래 있던 곳에 두고 다시 이부자리로 돌아온다. 유고의 어느 지방에서는 옛날 도시 여자는 남편이나 애인의 성실함을 확인하기 위해 이와 비슷한 것을 했다고 한다. 차이점이 있다면 유고의 여자들은 불타고 있는 양초를 그에게 대고 화장실로 데리고 가서 대변을 보게 하면서 철저하게 심문했다는 점이다.

돈을 요구하는 주술

돈을 요구하는 주술로는 다음과 같은 것이 있다. 그것은 뒤집혀진 빗자루에 사람처럼 옷을 입혀서 옆에 세워놓고 사람에게 말하는 것처럼 남자가 약속을 어긴 것에 대해 한탄하며 호소한다. 그런 다음 빗자루 인형을 바닥에 내던지면서 다음 날 확실히 돈을 가지고 오도록 명령한다. 이것은 그 남자에게 자기가 약속을 어긴 것에 대해 화를 내고 있는 꿈을 꾸도록 만드는 것이다. 그렇게 하면 그 남자는 곧바로 필요한 돈을 가지고 찾아온다.

스페인 매춘부들의 신앙은 일본의 그것과 근본적으로 동일하다. 그들은 행운을 얻기 위해 난로에 향기가 좋은 식물인 라완auan을 던지고 향을 피우면서 소중하게 지니고 있던 상의를 입고 계단을 올라간다. 발 언저리에 있는 술병의 술을 첫 번째 손님에게 따라주면 그날 행운을 얻을 수 있다고 한다.

향을 태우고 있는 유녀. 宮川長春

불 속에 던진 담배 종이가 가끔 불에 타지 않는 경우가 있는데 이 역시 행운을 의미한다. 이때 종이를 주의 깊게 끄집어내서 머리카락 사이에 끼우거나 양말에 넣어둔다. 신사들이 쓰고 다니는 모자의 접힌 부분에 양말에서 뽑아낸 실을 넣는 것도 행운을 가져다준다고 믿었다. 그들은 그것을 상자에서 꺼낸 첫 번째 담배와 행운을 가져다준다고 믿는 다른 많은 물건과 마찬가지로 '처녀'라고 부른다. 여기에 반해서 상자의 바닥이 보이면 휴식의 징후라고 생각한다.

 ## 동성애

일본은 동성애에 대해 매우 관대한 나라이다. 이러한 전통은 일본의 성풍속에서 유래한 것이다.

일본에서 언제부터 동성애가 있었는지 기록이 없기 때문에 그 시점을 알 수가 없다. 다만 여성과 접촉하기 어렵거나 접촉해서는 안 되는 남자 집단 사이에서 유행했던 것만은 분명하다. 그 남자 집단의 대표는 불교의 승려와 전쟁터에 출전해야 하는 무사들이었다.

먼저 불교를 살펴보자. 불교에는 지켜야 할 다섯 가지 계율이 있다. 이른바 오계五戒라고 하는 것이 그것으로 살인, 도둑질, 음주, 망언, 그리고 사음邪淫이다. 이 가운데 성과 연관된 것이 사음이다.

오계 가운데 살인과 도둑질은 속세에서도 법으로 금지되어 있다. 불교에서는 수행을 위해 속세에서 허용되어 있는 음주와 성행위를 계율로 정해 제한하고 있다. 이런 이유로 성은 불결하고 비천하다는 의식이 승려들과 신자들을 통해서 자연스럽게 민간으로 흘러들었다.

승려가 계율을 어겼을 때, 특히 사음에 해당되는 행위를 했을 때 매우 무거운 형벌을 받았다. 에도 시대의 기록을 보면 술을 마신 승려는 자체적으로 징계를 받았지만 사음을 저지른 승려는 많은 사람이 보는 앞에서 창피를 당한 뒤에 섬으로 유배되었다. 법적으로 승려를 사형에 처할 수 없기 때문에 섬으로의 유배는 내릴 수 있는 최고의 형벌이었던 것이다.

또 다른 남성 집단인 무사는 어떠했을까. 일본은 전통적으로 무武를 숭상하고 무사인 사무라이가 대접받는 사회였다. 이는 각 지역에 할거하고 있는 제후들의 끝없는 싸움에서 기인한 것이기도 하다. 얼핏 외부에서 볼 때 천황을 중심으로 일체화된 사회로 보이지만 대개의 경우 천황은 허수아비에 불과하고 그를 보좌하는 장군이 실제 권력자였다. 그 자리를 놓고 치열하게 싸움이 벌어졌다.

자연히 무사는 전쟁터에 있는 날이 많아지고 성적인 욕구는 억압될 수밖에 없었다. 물론 전쟁터를 따라다니는 매춘부들이 없었던 것은 아니지만 대부분 높은 지위에 있는 무사의 차지였고 하급 무사는 성의 욕구를 쉽게 풀 수 없었다.

이처럼 대표적인 남성 집단이었던 승려와 무사들이 성적 욕구를 해소할 수 있는 방편으로 택한 것이 동성애였다. 동성애는 선천적인 부분도 있겠지만 대개는 이렇게 성의 억압에서 비롯된 것이다.

일본 불교에서 남자끼리의 동성애인 남색을 '슈도衆道'라고 부른다. 불문에 귀의하지 않은 사람들을 중생衆生이라고 부르는 것에서 알 수 있듯이 슈도는 일반 속세에 사는 사람들의 행위를 가리킨다. 따라서 슈도라는 말에는 동성애에 대한 천시 내지는 비하가 내포되어 있다고 할 수 있다.

그러나 말과는 다른 것이 세상이다. 승려들은 '치고稚兒'라고 부르는

춤을 추고 있는 남자 배우. 鳥居清信

아이를 데리고 다녔다. 그리고 이들 사이의 관계를 일반적으로 슈도의 관계였을 것으로 본다. 치고는 승려가 되는 과정에서 스승에게 정신적으로나 물질적으로 의존할 수밖에 없다. 이러한 속성에 더해 스승의 모든 것을 이어받는다는 생각이 육체적인 관계인 남색으로 발전했을 가능성도 배제할 수 없다.

이러한 가능성은 무사에게서 더욱 뚜렷하게 나타난다. 가장 유명한 것이 모리 난마루森蘭丸라는 소년이었다. 모리 난마루는 처음으로 일본을 통일한 오다 노부나가織田信長의 시동이었는데 당시로는 파격적인 대우를 받았다. 그러나 오다 노부나가가 신하의 배신으로 불에 타 죽을 때 함께 죽고 말았다. 치고를 거느린 것은 오다 노부나가뿐만 아니었다. 당시의 거의 모든 영주들은 치고를 거느리고 있었다.

이외에 남색으로 유명한 사람들은 가부키 배우들이었다. 가부키는 기존의 형식적인 예술인 노能, 교겐狂言 등과 달리 매우 자유로운 예술이다. 가부키를 세상에 처음 선보인 것이 매춘부였다는 사실에서도 그 파격을 추측할 수 있다. 이러한 배경으로 해서 가부키는 술집에서 공연되었고 바늘에 실 가듯 매춘이 뒤따랐다. 이렇게 되자 정부는 풍기문란을 이유로 삼아 가부키의 공연을 금지시켰다. 그러자 가부키는 여자 배우 대신에 여장을 한 소년을 등장시켰다. 매춘은 여자에서 소년으로 바뀌었을 뿐이다. 남색이 매춘의 자리를 메웠다.

당시 에도 사회는 가부키뿐만 아니라 나니와부시를 비롯한 성과 관련된 많은 공연이 상연되었다. 이는 에도 시대에 급속하게 부상한 신흥 상인 계급의 기호와 맞아떨어졌고 막부 역시 정부에 대한 불만을 해소시킬 수 있는 방편으로 보았기 때문에 성과 연관된 공연이나 외설이 담긴 책

가부키를 추는 모습. 西村重長

자 등에 대해 느슨한 태도를 취했다. 이런 배경으로 해서 성에 대한 사회의 인식도 비교적 자유로웠고 그 전통이 오늘날까지 이어지고 있다고 할 수 있다. 현대 일본은 남색의 천국으로 불릴 성도인데 이 역시 과거의 전통과 무관하지 않다.

춘화

우키요에^{浮世繪}, 마쿠라에^{枕繪}, 와라이에^{笑繪} 등은 모두 에도 시대에 유행한 풍속화를 가리키는 말이다. '우키요^{浮世}'라는 말은 원래 불교 용어로 무심한 세상을 의미하는 말이다. 바로 현재의 세상으로 그 가운데에서 호색적이고 색정적인 의미를 강조할 때 쓰인다. '마쿠라^枕'는 베개를 의미하는 말로, 마쿠라에는 베갯머리에서 보는 그림이라는 뜻이다. '와라이^笑'는 웃음을 가리키는 말로, 와라이에는 웃게 만드는 그림이라는 뜻이다.

그 이전에도 춘화가 없었던 것은 아니지만 본격적으로 등장하게 되는 것은 에도^{江戶} 시대이다. 그래서 그 당시 성행하고 발달한 민중적인 풍속화를 일반적으로 '우키요에'라고 부른다.

에도 시대의 특징 가운데 하나로 비약적인 상공업 발전과 이를 경영하는 죠닌^{町人}의 등장을 꼽을 수 있다. 죠닌은 일정 지역에 사는 직인과 상인을 지칭하는 말로 에도 시대에 등장한 새로운 계급이었다. 서양에 비유하면 근대에 등장한 신흥부유층인 부르주아에 해당된다. 죠닌 가운데에는 고리대금업으로 자금을 축적해 쇼군 직속 무사들의 재정을 흔들 정도로 부와 영향력을 가진 자가 등장하기에 이른다. 죠닌 문화는 가부키와 우키요에 등 생활 중심의 문화를 꽃피웠다.

원래 일본의 춘화는 성적으로 주술적인 힘을 이용해 생활에 활력을 증진시키기 위한 것이었다. 그래서 신부의 혼수품 가운데 빼놓을 수 없는 것이 춘화였다. 춘화는 악령을 쫓고 복을 불러일으키는 존재였던 것이다. 그것은 일본의 춘화에 나타난 성기의 크기를 보아도 잘 알 수 있는데 일본의 춘화에 묘사되어 있는 성기는 그 유례가 없을 정도로 과장되게 표현되어 있다. 유럽의 회화나 조각을 잘 살펴보면 알겠지만 남자의 성기는 대부분 축소되어 묘사되어 있다. 따라서 일본의 마쿠라에는 성욕을 증진시키거나 외설적인 분위기를 조성할 목적으로 그렸다기보다 주술적인 효과를 기대했다고 보는 것이 옳다.

춘화는 일반인 사이에서 유통되었던 싸구려 춘화와 지체가 높은 사람들 사이에서 유통되었던 춘화로 나눌 수 있는데, 지체가 높은 사람들이 소장하고 있던 호화스러운 춘화는 베개 상자라는 상자에 소중히 보관되어 있었다. 그래서 '마쿠라에枕繪'라고 부르게 되었다.

그것이 에도 시대로 건너오면서 점차 외설스러운 것으로 변했다.

당시의 책방에서는 일반 간행물과 전혀 차별 없이 우키요에가 전시되고 판매되었다고 한다. 그것은 에도 시대에 들어서면서 정착된 일부일처제와 관련이 깊다. 유교를 국가 지도 이념으로 받아들인 막부는 엄격하게 남존여비 사상을 사회에 적용시켰고 그로 인해 여성들은 이전까지 비교적 자유로웠던 성생활이 강한 압박을 받게 되었다.

또한 바깥에서 생활을 많이 하는 무사들이 춘화를 소지하게 되었는데 그 때문에 수요가 많이 증가했다고 할 수 있다. 춘화가 와라이에笑繪라고 불리게 된 것도 무사들 때문인데 무사들은 무기를 넣어두는 곳에 춘화를 넣어두었다고 한다. 일시적인 격한 감정 때문에 상대와 싸움을 해야 할 경우 무기를 꺼내는 도중 춘화를 보게 되고 결국 웃게 되어 불필요한 싸움을 하지 않았다는 것에서 유래한다.

에도 시대의 우키요에의 시조는 히시카와 모로노부菱川師宣를 꼽는다. 그는 17세기 후반 판본版本 삽화로 그 양식의 기초를 닦아 우키요에의 새로운 영역을 개척했다. 그가 우키에요의 시조로 꼽히는 것은 우키요에

미인도. 鈴木春信

작품인 《무가백인일수武家百人一首》에 서명을 한 최초의 작가이기 때문이다. 이전에도 마쿠라에가 없었던 것은 아니었지만 화가의 이름이 없었다. 화가의 서명이 없었던 것은 글쓴이가 그림을 같이 그린 경우가 있기도 했지만 작가에 비해 화가의 신분이 낮았기 때문으로 추측된다. 이런 이유에서 모로노부의 서명은 마쿠라에 화가들의 화려한 등장을 예고하는 것이기도 했다.

또한 모로노부가 활약하던 시대에는 외설에 대한 규제가 없었다. 외설적인 그림책은 일반 간행물과 함께 버젓이 전시되고 판매되었다. 외설적인 책에 대한 규제가 시작된 것은 모로노부가 죽고 28년이 지난 후였다.

히시카와 모로노부 이후 스즈키 하루노부鈴木春信에 의해 다색쇄판화多色刷版畵가 창시되어 우키요에의 황금기를 맞이한다. 그림의 주제는 유곽이나 연극하는 모습, 매춘부 등을 주로 그렸다. 그의 그림은 몽환적인 성이 무엇인지 모르는 듯한 젊은 남녀를 대상으로 했으며 소녀 같은 일본 미인을 그린 것으로 유명하다.

그 외에 당시의 일상적인 풍속도와 단아한 미인을 잘 표현한 니시카와 스케노부西川祐信, 유려한 선과 명쾌한 색조, 성숙한 미인을 대상으로 한 도리이 키요나가鳥居淸長, 여자의 상반신만을 우아하고 요염하게 묘사한 기다카와 우타마로喜多川歌麿, 서양화의 화풍을 도입해서 호방하고 자유자재의 선을 특징으로 하는 가츠시카 호쿠사이葛飾北齊 등이 있다.

에도 시대의 우키요에는 매춘부들을 중심으로 한 유곽의 풍경이나 당시의 풍속을 그려냈는데 우키요에에서 춘화가 차지하는 비중은 대단히 크다. 따라서 춘화는 일본의 성풍속을 살피는 데 중요한 자료가 된다. 일본의 우키요에 판화는 19세기 후반부터 유럽 미술에 영향을 미치게 되는데 특히 인상파에 큰 영향을 주었다.

제 9 장

성과 주술

사랑의 주문

　세상에 존재하는 가장 처절한 슬픔과 가슴이 벅차 설레게 하는 감정은 모두 사랑에서 기인한다. 그래서 사람들은 사랑이 로마 신화에 등장하는 야누스처럼 상반된 두 얼굴을 지니고 있다고 말을 한다. 이처럼 깊고 높은 영역을 지니고 있기 때문에 사랑에 얽힌 주문 역시 그만큼 잔인하고 집요할 수밖에 없다.

　일본에서 행해진 사랑의 주문도 다를 것이 없다. 한 여자가 애인, 또는 남편에게서 배신을 당하고 죽음에 이르는 절망의 늪 속에서 헤매다가 정신을 차리게 되면 복수를 위한 사랑의 주문을 준비한다.

　먼저 그녀는 축시丑時, 오전 1시에서 3시 사이에 침상에서 일어나 몸에 하얀 옷을 두르고 머리에는 삼발이를 얹으며 그 위에 양초를 올려놓는다. 머리카락은 풀어서 흘러내리게 하고 입으로는 양쪽 끝이 불타고 있는 대나무와 소나무의 뿌리로 만든 횃불을 경사지게 문다. 그리고 손에는 부정한 사람이나 연적의 그림을 들고 가까이에 있는 사원으로 간다. 이것을

'우시#의 고쿠마이^{刻詣}'라고 부른다. 그녀는 부정한 사람이나 연적의 그림을 나무에 붙이고 못으로 구멍을 낸다. 왜냐하면 그렇게 하면 그려져 있는 사람 역시 배신당한 여자가 겪은 만큼의 아픔을 느끼게 된다고 생각하기 때문이다. 혹은 상대방의 모습을 닮은 짚 인형을 만들어 그것에 못으로 구멍을 뚫고 상대방의 잠자리에 묻기도 한다.

이러한 신앙은 어떤 것은 예전에 존재했던 것이며 어떤 것은 현재에도 아직 존재하고 있기도 하다.

에도^{江戸}의 메구로^{目黒}에 신의 보살핌을 받고 있는 두 그루의 소나무

향료를 들고 있는 유녀. 宮川一笑

가 있는 신사가 있다. 축시에 사람들은 그 신사에 모여든다. 질투심이 강한 여자는 신의 도움을 받기 위해 하얀 옷을 몸에 두르고, 머리에는 삼발이를 얹으며 불이 붙어 있는 세 자루의 양초를 올려놓는다. 목 주변에 거울을 늘어뜨리고 부정한 사람을 보며 만든 짚 인형을 나무에 대고 못으로 박는다. 그녀가 희망하는 것은 바로 애인의 죽음이다. 사랑의 주문은 이토록 잔인하다. 사랑으로 눈이 먼 여자는 신의 도움을 받기 위해 정해져 있는 절차에 따라 철저하게 준비를 한다.

이것은 상당히 현대적인 해석이라고 생각할지도 모르겠다. 그러나 실제로는 고대 일본인들의 신앙, 또는 다른 여러 미개 민족의 일반적인 신앙에도 생명, 병, 죽음 등과 관계된 주문呪文을 나무의 정령에게 의지하는 경우가 많이 있다. 그럼 사랑의 주술과 관계되어 실제로 있었던 역사적 인물을 살펴보자.

기요히메와 안친의 애증

기요히메淸姬는 동정의 서약을 양심적으로 지키고 있는 안친安珍이라는 중에게 뜨거운 연정을 품게 되었다. 어느 날 자기 집에 찾아온 안친을 훔쳐보고는 온통 마음을 빼앗겼던 것이다. 기요히메는 다른 일본 여자와 달리 적극적으로 안친에게 매달렸다.

물론 안친은 중이라는 신분 때문에 매정하게 거절했다. 그러나 더욱 고통스러운 사람은 안친이었다. 안친 역시 기요히메에게 마음이 있었기 때문이다. 기요히메에 대해 미친 듯이 뜨겁게 타오르는 자기의 관능을 억제하는 것과 뜨겁게 다가서는 여자를 피하는 것은 그야말로 이중의 고통이었다. 그러나 안친의 마음을 알지 못하는 그녀는 배신을 당했다고 생각하고 그에게 복수하기 위해서 '우시의 고쿠마이'를 결심했다.

때가 되자 그녀는 폭이 넓고 하얀 옷을 몸에 두르고 사원이 있는 숲으로 갔다. 그녀는 맨발에 굽이 높은 게다를 신고 머리를 풀었다. 그리고 차를 끓이는 데 사용하는 점토로 만든 삼발이를 뒤집어서 머리에 얹었다. 위쪽을 향하고 있는 세 다리에 불이 붙은 양초를 끼워 넣었다. 그녀는 왼손에 짚으로 만든 남자 인형을 들고 오른손에는 망치를 들었다. 또한 그녀는 입에 못을 물고 가슴에는 거울을 달고 있었다.

잔인해진 그녀의 눈동자는 활활 불타오르고 있었고 얼굴은 증오로 일그러졌다. 그녀는 천천히 한 나무로 다가가 사랑하면서 동시에 증오하는 남자의 짚 인형을 걸었다. 그녀는 침묵을 깨고 신을 모독한 죄 가운데 가장 끔찍한 벌을 내려달라고 기도하기 시작했다. 그리고 오랜 고통이 지속되는 죽음이 안친에게 덮치기를 기원했다. 그로부터 매일 밤 그녀는 같은 주문을 되풀이해서 외면서 사원으로 갔다.

그러나 엇나간 복수는 쉽게 이루어지지 않았고 그 때문에 그녀는 애증이 교차하며 엮어내는 지독한 고통을 맛보았다. 그녀는 긴 고통 속에 헤매다 어느 날 안친을 발견하고 그에게 다가갔지만 안친은 이번에도 그녀를 거부했다. 그녀는 "안친!"이라고 외쳤다. 황량하고 끔찍한 그 목소리는 몸속의 피를 얼어붙게 만드는 외침이었다.

그 외침은 먹이를 향해 달려가는 성난 맹수의 울부짖음과도 같았고 흥분해서 독이 오른 혀를 날름거리는 뱀의 증오와도 같았다. 그때 그녀

미인과 유령. 祇園井特

는 복수심 때문에 숨이 막혀 숨쉬기가 힘들었기 때문에 끔찍한 주문을
외웠다. 이 주문은 그녀를 오싹한 뱀의 모습으로 바꾸어 놓았다.

　예쁜 그녀의 얼굴과 매력적인 몸매, 아름다운 손과 발이 길게 늘어나
고 퍼졌으며 휘어졌다. 그리고 크기도 커져서 추악한 모습이 되고 말았

다. 그녀의 검은 비단 같았던 머리카락은 불꽃을 내뿜는 갈기로 변했다. 꽃잎 같던 그녀의 입은 옆으로 찢어졌고 이는 커졌으며 귀는 뾰족해졌다. 화려한 옷은 녹색과 자주색으로 빛나는 비늘로 바뀌었고 벚꽃처럼 부드럽고 하얀 피부는 갑충의 등처럼 딱딱해졌다. 여기저기 주름이 생기고 손가락은 도마뱀의 손톱처럼 휘어졌다. 그녀의 다리는 길어졌고 점차로 긴 뱀의 꼬리로 변했다.

봄에 꽃이 흐드러지게 핀 매화에서 우는 휘파람새처럼 황홀한 목소리는 거칠게 헐떡거리는 콧김으로 변했고 호흡은 페스트균이 가득찬 독기가 되었다. 이렇게 기요히메는 반은 용, 반은 뱀이 되어 안친을 향해 달려들었다.

안친은 흉칙한 모습으로 변한 기요히메를 보고 무서운 생각이 들어 절로 도망을 쳤다. 그러나 절망과 분노의 화신이 된 기요히메를 막을 것은 아무것도 없었다. 안친은 절에 있는 범종 속에 숨었다. 뱀이 된 기요히메는 안친이 숨은 범종을 휘감고 분노를 한꺼번에 폭발시켰다. 분노는 불이 되어 타올랐고 결국 안친은 그 분노의 불에 타죽고 말았다.

일곱 복신

일본인은 깊은 생각에 잠겨 있는 위대한 여신인 벤텐弁才天을 아름다움과 사랑의 여신으로 생각하고 있다. 여신은 지상의 재물을 지배하고 힘과 행복, 부, 장수, 명성, 지력智力, 사랑, 애교, 아름다움 등을 베풀어준다. 또한 음악의 천재, 웅변의 수호자, 부를 안겨주는 신으로 여겨졌다. 고대 페르시아에서 행해진 젠드Zend 예배처럼, 일본인들은 벤텐을 아침과 저녁의 밭 갈기를 시작한 신으로 여기고 있으며 특히 식량을 베풀어주는 대지의 수호신, 또한 모든 생활필수품을 제공해주는 신으로 숭배하고 있다.

벤텐辨天은 일본의 민간전승에 자주 그 모습을 드러낸다. 행운의 여신이기도 한 그녀는 주로 12세기 이후에 사람들의 입에 오르내렸으며 그녀와 관계된 수많은 전설이 전해지고 있다.

한 예로, 가마쿠라鎌倉 근처에 있는 작은 섬에 이 여신과 뱀의 모양을 한 용왕과의 결혼을 축복하는 사원이 있다. 전설에 따르면 이 여신은 연인이 뱀의 모습을 하고 있는 것 때문에 번민했지만 결국 연인의 포옹에 몸을 맡겼다고 한다. 일본인들은 예로부터 주변 바다에 뱀의 모습을 한 사람들이 산다고 믿었다. 뱀과 관련된 일본의 역사적 자료 가운데 다음과 같은 것이 있다.

"모든 재물을 주는 신은 신비한 이아카하의 아내이다. 그녀는 15,6명의 아이를 낳았다. 사람들은 이 아이들을 근면과 번영의 상징으로 생각했다. 그녀는 머리에 훌륭한 왕관을 쓰고 있는데 그 왕관에는 눈썹이 하얀 노인의 얼굴을 한 똬리를 틀고 있는 뱀이 새겨져 있다. 이 여신은 팔이 여덟 개로 표현된다. 그리고 손에는 도구를 쥐고 있다. 즉 왼쪽 손에는 매우 비싼 진주, 창, 바퀴 모양의 보석, 활을, 오른쪽 손에는 칼, 막대기, 또는 홀笏, 상징적인 화살을."

여신 벤텐은 일본판 페르세우스 신화에서도 등장한다.

"벤텐은 용감한 영웅 히데사토秀郷, 즉 다와라토우타俵藤太가 깊은 잠에 빠져 있을 때 화살과 활로 그를 무장시켰다. 동시에 꿈에서 활과 화살을 사용하는 방법을 가르쳐 주었다. 그것은 '무카데'라는 흉폭한 지네蜈蚣를 살해할 수 있도록 도와준 것이었다. 무카데는 교토에서 약 15킬로미터 떨어진 곳에 있는 아름다운 비와호琵琶湖 근처의 지네산山에 살고 있었는데, 지네의 몸은 산을 일곱 번 감을 수 있을 정도로 거대했다. 세다瀬田 마을의 사람들은 지네에게 매년 아름다운 처녀 한 명을 제물로 바쳐왔다. 제물로 바쳐질 처녀는 매년 제비뽑기를 통해 뽑았는데 그해는 벤텐辯天의 의식에서 주역을 맡았던 처녀가 뽑혔다. 여신은 그 처녀가 희생되는 것을 바라지 않았다. 다와라토우타는 괴물이 처녀를 삼키기 위해 기다리고 있는 산으로 가서 괴물을 살해했다."

다와라토우타俵藤太는 후지와라노 히데사토藤原秀鄕를 지칭하는 것으로 헤이안 시대에 시모쓰케下野의 호족이었다. 940년에 일어난 난을 평정한 히데사토는 궁술에 매우 뛰어났다. 이 뛰어난 궁술 때문에 훗날 많은 전설 속에 등장하게 되었다.

위의 전설에서 보듯, 벤텐辯天은 부인과 처녀들 사이에서 아름다움을 드러내는 지혜의 여신으로 숭배되었다. 여성들은 사랑스러움과 고귀함을 바라며 여신에게 기도했다. 사랑을 호소하는 여자가 남자를 유혹해서 마음을 사로잡는 데 필요한 행복, 아름다움, 사랑의 매력, 교묘한 테크닉을 여신이 지니고 있었기 때문이었다.

그렇지만 여신은 고대 그리스 신화에서 운명을 지배하는 모이라이 신들이 그랬던 것처럼 일본의 행복을 가져다주는 일곱 신 가운데 하나에 지나지 않았다. 일곱 신은 다이코쿠텐大黑天, 에비스惠比壽, 비샤몬텐毘沙門天, 후쿠로쿠쥬福祿壽, 쥬로우진壽老人, 호테이布袋, 그리고 벤텐辯天이다. 일반적으로 이들을 일곱 복신七福神이라고 부른다.

다이코쿠텐은 불교의 수호신으로 처음에는 전쟁과 분노의 신이었다가 나중에 어찌된 일인지 주방廚房의 신이 되었다. 모습은 두건을 쓰고 왼쪽 어깨에 주머니를 메고 왼손에 작은 망치를 들고 있다. 에비스는 효고兵庫현 니시노미야西宮의 제신祭神으로 해상, 어업, 상업 등의 수호신이다. 앞부분이 옆으로 휘어진 모자를 쓰고 낚시를 하고 있는 모습으로 표현된다. 3살까지 일어서지 못하는 불구였다고 한다. 비샤몬텐은 누런 몸에 분노의 형상을 한 무신武神으로 갑옷을 입고 한손에는 보물 탑을 들고 다른 손에는 창을 들고 있다. 비샤몬텐은 북방세계를 수호하는 신이다. 후쿠로쿠쥬는 긴 머리에 구레나룻을 길렀으며 키가 작다. 지팡이를 짚고 다니며 많은 학을 거느리고 있다. 중국에서는 남극성南極星의 화신으로 여기고 있다. 쥬로우진은 장수를 관장하는 신이다. 중국 송나라의 긴 머리 노인으로 지팡이와 부채를 들고 다니며 사슴을 데리고 다녔다고 한다. 호테이는 당나라의 선승禪僧으로 체구는 비대하고 배가 나왔으며 얼굴 역시 살이 쪄서 둥글둥글한 모습이다. 언제나 자루를 메고 시주를 받으러 다녔다. 세상 사람들은 미륵의 화신으로 여겼으며 둥글둥글한 얼굴은 화가들의 좋은 소재가 되었다고 한다.

이 일곱 신이 하는 일 가운데 성적인 것과 연관해서 주목을 끄는 것은 인연을 맺어준다고 하는 믿음이다. 이 믿음에 따르면 일곱 신이 정월 초하루에 한자리에 모여 그 해의 인연을 결정한다. 그들은 원을 그리고 앉아서 각각 하얀 실과 붉은 실타래를 손에 쥔다. 이것은 그 해에 결혼하려고 하는 사람들의 운명을 결정할 실이다. 그들은 처음에 주의를 기울여 실타래를 잘 흔든다. 그리고 붉은 실과 하얀 실을 하나씩 골라 단단하게

비사몬텐(毘沙門天)의 가면.

매듭을 짓는다. 이것은 행복한 결혼을 의미한다.

그러나 그들은 얼마 지나지 않아 되는 대로 일처리를 하게 되고 우연히 손에 집히는 실을 대충 묶는다. 그렇게 묶인 두 사람은 오래되지 않아 헤어지게 된다. 이것도 싫증이 나면 신들은 아무렇게나 실을 얽고 엉클어진 실타래를 던지기도 한다. 그렇게 실이 교차해서 만난 사람들은 결

코 진실된 사랑을 할 수 없고 따라서 영원한 부부의 연을 얻을 수 없다고
한다.

 # 무녀

　무녀의 이야기를 살펴보자. 일본은 독일과 마찬가지로 여자 예언가를
법적으로 금지했었다. 그러나 그들은 나름대로 큰 역할을 담당해왔다.
그 이유는 그들이 언제나 연애 사건에 정통하고 있었기 때문이다. 일본
의 무녀들은 중부 유럽에서 직업적으로 예언을 한 여자들이 한 것처럼
카드를 사용하지 않는다. 오히려 중세 유럽의 주술사나 마녀와 비슷하다
고 말할 수 있다. 여자 예언가들은 살아 있는 사람의 영혼뿐만 아니라 죽
은 사람의 영혼을 불러올 수 있었다. 그들은 거리에서 밀짚모자를 쓰고
손에 작은 다발을 들고 있기 때문에 쉽게 알아볼 수 있었다.

　그들이 사용하는 도구는 가래나무로 만든 활과 물이 든 그릇, 그리고
상자 하나이다. 그리고 그들은 언제나 활의 줄을 울린다. 또한 상자 속에
무엇이 들어 있는지 아무도 모른다. 그래서 이런 소문이 생겼는지도 모
르겠다.

　"한 마리의 개가 남쪽 나라에서 생매장을 당했는데 머리만 땅 밖으로
나와 있었다. 사람들은 개의 코앞에 먹이를 놓아두었다. 그러나 개는 그
먹이를 먹을 수가 없었다. 먹이가 있는 곳에 입이 닿지 않았기 때문이다.
개는 배고픔과 먹이를 앞두고 먹을 수 없는 상황에서 고통스러워했다.

고통 속에서 숨이 끊어지려는 순간 개의 머리가 신비한 상자 속으로 들어갔다고 한다."

영혼을 볼 수 있는 여자에게 사람들은 자기가 알고 있는 사람이 죽었는지 살았는지를 물어온다. 만약 그 사람이 살아 있는 사람인 경우 그녀는 작은 막대기로 물을 질문자에게 튀긴다. 만약 죽었다면 무덤에 놓아두는 화환이나 나뭇가지로 물을 튀긴다. 그리고 간원하는 말을 중얼거린다. 그러면 부름을 받은 영혼이 그녀의 입을 통해 말하기 시작하는데 질문에 대해서도 확실하게 대답한다.

일본이 유럽과 미국의 보다 높은 문화의 영향을 받으면서부터 고대로부터 존재해온 투시자들은 암흑 속에 존재할지도 모르는 영혼과 존재하지 않을지도 모르는 영혼을 사차원의 세계에서 불러내는 여자 영매로 인정을 받았다. 그로 인해 교양 있는 상류 사회에서 수입을 올릴 수 있게 되었다. 현대의 영매는 죽은 자의 영혼을 불러내는 일보다 사랑의 주문과 결혼의 중개에 깊이 개입하고 있는 듯하다. 폰 쿠드리아프스키 부인은 그들을 이렇게 평가했다.

"그들은 '이치코市子'라고 불리며 주문으로 죽은 사람을 불러내 자기의 입을 통해 질문에 대답하는 특수한 사기 행각을 벌이는 여자이다. 독일의 강신술사降神術師와 비교해보면 그들을 여자 영매라고 부르는 것이 옳을 것이다. 그러나 우리는 그들을 신앙심이 깊은 신자와 엄밀하게 구별해야만 한다."

일본이나 중국에서 영혼을 불러내는 것은 영매가 자기 입으로 떠도는 영혼에게 미래를 예언하거나, 여러 의료 행위를 수행할 수 있는 능력을 가진 노파의 일이라고 할 수 있다.

호부

다음은 호부護符이다. 호부는 일본인의 일상 신앙에서 주축을 이루고 있다. 그러나 안타깝게도 호부의 기능에 대해 상세한 설명은 보고되어 있지 않다.

일본 사람들은 호부를 많이 가지고 있다. 지방은 집 안으로 통하는 문, 도시는 현관문에 호부가 붙어 있다. 일본인들은 모든 집에 가족을 지켜주는 신이나 특별히 마음에 드는 신을 가지고 있는데, 그 신 대신에 인쇄된 붉은색 종이로 만든 호부를 약간의 돈을 주고 살 수 있기 때문에 쉽게 찾아볼 수 있다.

그 외에 신사를 참배하면서 여러 가지 종류의 종이로 만든 호부를 사 온다. 일본에서는 대부분의 사람들이 하나 이상의 호부를 지니고 있으며 어디에 고용되어 있는 사람이나 하층 계급의 사람들은 대개 목 주위에 호부를 두르고 있다.

그러나 상류 사회의 사람들은 담배 상자나 지갑, 또는 옷 속에 숨겨서 지니고 다닌다. 호부 가운데 간논觀音은 행복을 주고 고쿠조虛空像는 아이의 행복과 아이를 양육하는 힘과 관계가 있다. 물의 신이며 안산安産의 신인 스이텐구水天宮는 익사를 막아주는데, 익사할 우려가 있을 때 그 종이를 삼키면 생명을 구할 수가 있다고 한다.

또한 사람들은 자기의 영혼이 천국으로 가기 위해 니치렌日蓮이나 고보弘法 대사의 모습을 몸에 붙이기도 한다. 니치렌은 가마쿠라 시대의 중으로 법화경法華經에서 불교의 진수를 발견하고 니치렌슈日蓮宗를 창시했다. 아이러니컬하게도 니치렌은 다른 종파를 공격했다는 이유로 두 번이나 유배 생활을 한 인물이었다.

세이쇼코清正公는 행복을 안겨주고 벤텐辯天은 아름다움과 평화를 안겨준다고 한다. 사각형의 색종이를 위가 넓고 긴 육각형으로 접어 그 속에 말린 전복을 잘게 잘라 붙여 축하 선물과 함께 보내는 노시熨斗의 검은 패는 여우나 여우의 모습을 한 악령의 음모에 빠지지 않도록 해준다. 곤겐權現은 일본의 여자들이 가장 싫어하는 뱀을 막아주며 아이젠愛染은 아이를 사랑스럽게 만들어준다.

그리고 젊은 처녀들은 보통 호부를 넣은 작은 사각형 주머니를 띠 속에 넣어 가지고 다니는 경우가 많이 있다.

일본인은 호부가 어떤 곤란한 일이나 모든 사람에게 효과가 있는 것으로 믿고 있다. 그 실체는 무엇일까? 세계의 다른 민족과 마찬가지로 일본의 호부 역시 여성의 성기를 의미하는 것이 아닐까?

호부가 현대화된 것이 바로 액세서리다. 유럽에서는 성과 관계된 호부, 또는 액세서리가 많이 활용되었다. 특히 사안邪眼으로부터 몸을 보호하기 위해 많이 이용되었다. 그것은 문제를 가진 사람의 시선을 성적인 상징물로 눈을 돌리게 해서 시선이 마주쳐서 생기는 해를 피하기 위한 수단이었다.

텐구

일본에는 남성 성기를 연상시키는 가면이 있다. 그것은 텐구天狗라고

치도(治道). 이 가면에서 텐구가 유래되었을 것으로 추측된다.

불리는, 괴물의 얼굴을 형상화한 것이다.

텐구라고 하는 것은 불교에서 오만한 마성을 지닌 존재로 여긴다. 중국의《사기》등에서는 텐구를 불덩이를 길게 남기며 떨어지는 유성을 가리키는 말로 쓰였다. 여하튼 텐구는 이상한 괴력과 강렬한 감정을 지니고 자유자재로 하늘을 날아다니며 속인들과 어울리는 것을 싫어하는 존재로 생각되었다.

그와 같은 성격 때문에 텐구는 일본에서 산의 신령으로 생각되었고 점차 일종의 요괴로 받아들여졌다. 대부분은 얼굴이 붉고 코가 높으며 어깨에 작은 날개가 있고 몸에 산에서 수행하는 사람들이 입는 옷을 걸친 모습으로 묘사되어 있다.

따라서 텐구가 귀신 등을 대신해서 깊은 산 속에 살면서 여러 괴이한 일을 한다고 믿어왔다. 텐구츠부테이라는 것이 있는데 어디선가 작은 돌이 날아 들어오는 것을 뜻한다. 또한 텐구타오시天狗倒し는 사람의 인기척이 없는 곳에서 나무가 쓰러지는 것을 뜻한다. 텐구와라이笑い 역시 인기척이 없는 곳에서 높은 웃음소리가 들려오는 것을 뜻한다. 모두 텐구의 짓이라고 말하지만 그 본체에 대해서는 분명하지 않다.

이와 같은 텐구의 관념은 역시 산인과의 교류를 통해서 정착했을 것이다. 그 불과 같은 성격은 산 속에서 수행하는 사람들의 엄격한 수행법에 의한 것이다. 산인과 산 속의 수행자는 깊은 연관을 맺고 있다.

그런데 텐구의 생김새를 보면 매우 기묘함을 느끼게 된다. 남성 성기를 닮은 긴 코가 전체적으로 부조화를 느끼게 만들기 때문이다. 그래서 학자에 따라서는 외국인을 형상화한 것이라고 말하기도 한다. 여하튼 민간에서는 텐구의 가면이 악령을 물리치는 힘이 있다고 믿고 있다. 이는 남성 성기를 닮은 코가 지닌 성적 주술력의 힘에 의한 것이다.

 ## 성을 상징하는 그림

일본에서는 위험한 장소에 성을 상징하는 그림을 그려놓았다. 대표적인 곳이 재래식 화장실인데 청결하지 않은 화장실은 많은 질병의 원인이라는 생각 때문이었다. 그래서 벽에 성기의 모습을 닮은 그림을 그려놓는다. 그렇게 하면 병을 옮기는 악령이 침범하지 못한다고 믿었다. 민간에 널리 퍼져 있는 성이 지닌 주술력을 활용한 예이다.

또한 무사들이 춘화집을 몸에 지니고 다닌 것도 이와 유사한 예이다. 성과 연관된 그림을 몸에 지니고 있으면 상처를 입지 않는다는 속설이 있기 때문이다. 이 속설의 밑바닥에는 역시 성의 주술력이 흐르고 있음을 알 수 있다. 실제로 무사들의 춘화는 효과를 발휘했다. 앞에서 본 것처럼 불의의 감정 촉발로 무의미한 싸움이 벌어지게 되었을 때 칼과 함께 있는 춘화를 보고 감정을 누그러뜨리는 경우가 많았기 때문이다.

일본에서 춘화를 '마쿠라에枕繪'라고도 부르는데, 말 그대로 베갯머리에 두고 보는 그림이라는 뜻이다. 딸이 시집을 가면 어머니는 딸의 짐 속에 마쿠라에를 넣어 주었다. 남자에게 희열을 선사하기 위한 성의 교본적인 의미도 있지만 보다 근본적으로 성이 지닌 주술력을 통해 딸과 사위의 안녕과 행복을 비는 마음이 내재하고 있다.

이렇듯 성과 관련된 그림은 대개 성이 지닌 주술력과 깊은 연관이 있었다. 외부의 눈으로 볼 때 저속하고 음란하게도 볼 수 있는 일본의 성풍속 속에는 행복을 바라는 지극히 정상적인 희망과 기원이 내재하고 있었던 것이다.

 # 성을 주제로 한 축제

고대에 아시아나 유럽에서 풍요의 여신 신전에 모여 밤새도록 술을 마시며 춤을 추다가 남녀가 난교를 하면서 성적 쾌락을 찬미하며 끝나는 '오르기아orgia'라는 비의가 있었다. 고대 페니키아에서 거행된 '아스타르테astarte 축제'는 가장 유명한 오르기아였다. 아스타르테 축제는 그리스에 전해져 '아도니스 축제'로 바뀌었다. 이것은 사랑의 신 아프로디테가 죽은 자의 나라에서 연인 아도니스를 맞이하는 환희의 축제로 새롭게 식물과 곡물이 자라기 시작하는 계절의 시작을 축하한다. 젊은 남녀에 창녀들도 참가해 이 암흑의 축제는 광란의 연회에 뒤이은 난교로 끝났다.

고대 그리스의 '디오니소스 축제'도 억눌린 심리적인 상태에서 벗어나 자유로운 성교에 의해 일상 사회의 울타리를 허물고 모든 사회 질서를 타파해 대자연의 힘이 솟아난 태초의 혼돈 상태로 돌아가려는 오르기아적인 축제였다.

로마에서 풍요를 상징하는 신인 사투르누스의 신전에서 12월 17일부터 일주일간 거행된 '사투르날리아Saturnalia 축제'도 오르기아였다. 사투르누스는 이탈리아의 자비로운 왕으로 산악 지대에 흩어져 사는 미개인

벚꽃놀이를 하는 여자들. 狩野長信

들을 모아 땅을 경작하는 방법을 알려주었고 법률을 제정해 평화로운 통
치를 했다. 그래서 그 시기를 '황금 시대Golden Age' 라고 불렀다. 그런데

사투르누스가 갑자기 세상에서 모습을 감추었다. 이후 그를 기념하기 위해 사투르날리아 축제가 열리게 되었다.

축제 기간 중에 시민은 일을 멈추고 신전에 촛불을 밝히고 향연을 열었으며 서로 선물을 주고받았다. 주인과 노예의 구별 없이 일상의 속박에서 해방되어 자유분방하게 춤을 추었다고 한다. 사투르날리아 축제는 크리스마스의 기원이 되었다는 주장도 있다.

그런데 일본에도 이와 유사한 오르기아가 존재했다. 많은 고대 문헌에 '가가히'라고 불리는 이런 축제에 대한 기술이 있다. 가가히는 봄가을에 젊은 남녀가 일정한 장소에 모여 노래하고 춤추며 자유로운 섹스를 즐긴 고대 일본의 오르기아이다. 《만요슈》에 이런 구절이 있다.

"……젊은 남녀가 모여 노래를 부르는 가가히에 가서 다른 사람의 아내와 정을 통해요. 내 아내에게도 사람들이 접근하면 좋겠어요……"9권 1759

가가히의 유래는 앞에서 아시아나 유럽의 그것과 다를 것이 없다. 풍년에 대한 기원과 풍요로운 수확에 대한 감사를 하는 축하연에서 출발해 남녀가 서로 상대를 구해 일시적이지만 심리적 구속감에서 벗어나 하룻밤 쾌락을 즐기는 것으로 전개되었을 것이다.

제 10 장

식물 숭배와 성생활

식물 숭배

　일본인의 민간신앙에 따르면 인간은 식물에서 생겼으며 죽음을 매개로 인간의 영혼은 다시 식물 세계로 돌아간다고 한다. 이러한 사상 때문에 일본인들 사이에서 꽃 축제가 발달했다. 그리고 일본인들은 꽃 축제에서 조상들과 함께 존재한다는 느낌을 가지게 되고 거기서 기쁨을 얻는다. 자기가 지금 이 세상에 존재하는 것은 조상들의 덕분이라고 생각하고 만족하며 그 마음을 조상들에게 내보인다.

　고대 이집트에서 그랬던 것처럼 일본은 현대에도 나무와 꽃의 보호, 그리고 나무와 꽃의 숭배가 존재하는 고전적인 땅이다. 여러 시대를 거치면서도 이 신앙만은 변하지 않았고 바꾸려고도 하지 않았다. 따라서 일본은 식물 숭배의 모든 단계를 연구할 수 있는 지역이다.

　이 식물 숭배는 신의 숭배와 밀접하게 연관 지을 수 있으며, 한편 신의 숭배와 성생활은 분리할 수 없다.

　쿠드리아프스키는 일본인이 한 그루의 나무를 베어내면 그 대가로 두

꽃 아래에서 노는 풍경. 狩野長信

그루의 나무를 심는 법칙에 대해 소개했다. 일본인이 식물을 섬기는 신중함과 사랑은 그들의 문화와 조화를 이루고 있다고 생각할 수 있다.

일본은 열대성은 아니지만 울창한 남국의 식물이 자라고 있다. 일본인은 다양한 방법을 통해 자연을 지키려고 노력하는데 그것은 정령 숭배에 있어서 공적인 제사나 집안의 제사, 또한 비유, 전설, 시 등 속에서 식물계와 밀접한 관계를 표명하고 있는 데서 잘 드러난다.

산비탈은 다양한 종류의 나무로 구성되어 울창한 숲으로 덮여 있다. 무수히 많은 신사와 신관의 주거지는 가장 아름다운 나무, 매끄러운 대나무, 흐드러지게 피어 있는 동백나무 덤불 등 사이에 있다. 테라스 모양의 언덕을 목표로 해서 위로 올라가면 짙은 녹색이 대지를 덮고 있고 작은 길이 교차되어 있는 것을 볼 수 있다. 떡갈나무, 소나무, 녹나무 등은 뒤얽혀 있는 녹음의 지붕을 이루고 무성한 월계수, 철쭉, 목련이 그 사이에 퍼져 있다.

신도神道가 아닌 중국과 한국을 통해서 수입된 불교를 믿는 사람들도 식물 숭배라는 점에 있어서는 다를 것이 없다. 묘지에는 댕댕이덩굴, 고사리 등으로 덮여 있고 목련이 꽃을 피우고 있다. 모든 묘지에는 꽃을 꽂는 대나무 통이 있어 그곳에 꽃을 바치고, 촛불을 켜고 향을 피운다.

유명한 나가사키長崎의 아름다운 한 절의 안뜰에는 수령이 오래된 신성한 나무가 있다. 나무는 댕댕이덩굴로 덮여 있어서 잎의 끝부분밖에 보이지 않는다. 절의 안뜰 여기저기에는 울창한 고사리가 매끄러운 잎을 들어 올리고 있다.

북쪽에 사는 아이누 족은 자연 숭배에 어울리게 그루터기를 '죽은 자가 쉬는 자리'라고 부른다. 그와 나란히 버드나무로 만든 신성한 상징이 서 있고 끝에는 침針 모양의 톱밥을 넣어두는 방이 있다. 또한 신사와 신관, 사원과 승려의 주거지 등과 인접해 있는 다실茶室 등도 위에 열거한 식물로 둘러싸여 있다.

많은 신사에는 역사적인 내력이나 전설을 가진 거목이 있다. 이것을 '신목神木'이라고 부르는데 이와 같은 나무는 소중하게 보호되고 있다. 옛날 야마토大和의 어느 영주가 신사에 있는 아름다운 소나무로 가구를 만들기 위해 나무를 잘라내자 피가 뚝뚝 떨어졌다는 이야기가 전해진다.

이와 비슷한 이야기가 스위스의 삼림에서도 전해진다. 그곳에는 신이 심었다고 전해지는 전나무가 있는데 그 나무는 격자로 둘러싸여 있고 축 늘어진 가지는 많은 기둥에 의해 지탱되고 있다. 그곳에는 신이 땅에 꽂은 낚싯대에서 바로 자라났다고 하는 매끄러운 대나무가 있다.

고보(弘法) 대사의 초상화. 류센지(龍泉寺) 소장

일본의 고승인 고보弘法 대사의 여행용 지팡이에서 녹나무가 생겼다는
이야기도 있다. 그리고 이 녹나무의 우묵한 곳에는 예언이 적힌 쪽지가
무수히 많이 달려 있는 거대한 노목이 있었다고 한다. 또한 아라비아 사
람들은 넝마 조각, 침, 종이로 장식한 나무를 봉납품奉納品으로 바치는데

이를 가리켜 '넝마 조각의 어머니'라고 부른다. 이런 전설은 세계 각지에 널리 분포하고 있다.

또한 일본인은 신사에 감탕나무를 심기 좋아한다. 이 나무는 날개처럼 넓은 입을 가지고 있어서 사람들의 눈길을 끈다. 결혼 등 경사스러운 일을 맞이하고 싶은 사람은 감탕나무의 가지를 집 앞에 꽂아 신부를 구하고 있다는 것을 알린다.

일본인의 대부분은 연인과 함께 꽃에 대해 이야기를 나눈다. 꽃마다 꽃말도 있다. 아름다운 꽃, 그렇지 않은 꽃 등을 통해 자기 마음을 전달하기도 한다.

그리고 질투심이 강한 여자는 신사의 앞에 서 있는 소나무에 부정한 남자와 닮은 작은 인형을 못으로 박으며 그 남자의 죽음을 기원한다. 그 나무가 마르면 그녀는 그 남자의 죽음을 믿게 된다.

반대로 결혼식 연회에는 소나무와 매화나무가 빠져서는 안 된다. 이 나무에는 나무의 정령이 깃들어 있다고 여기기 때문이다. 소나무는 남성의 힘을 상징하고 매화나무는 미의 상징, 즉 여성의 아름다움을 상징한다. 이 관습이 생기게 된 것은 한 그루의 나무에서 두 개의 줄기가 나온 노송 때문이라고 한다. 그 노송의 이름은 '동갑내기 소나무'이다.

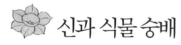 ## 신과 식물 숭배

일본의 창세 신화에도 식물계와의 관련이 있는 것이 많이 있다. 거기

에 의하면 식물계는 원래 하늘 아래에서 하나의 꽃봉오리가 터지기 시작할 때 태양과 달로 만들어졌다고 한다. 그리고 그 꽃봉오리에서 '갈대 종류의 신성한 신'이 태어났다.

창으로 일본을 바다 속에서 표면으로 끌어올린 것은 이자나기의 아내인 이자나미이다. 이자나미는 바다에서 식물도 끌어올렸는데 이끼 종류를 지면 깊은 곳에 두었다. 이것이 검은 신, 다이코쿠텐大黑天으로 식물 세계의 근본적인 생명의 원리라는 이름이 붙여졌다. 그에 대한 숭배는 13세기부터 시작되었다. 그의 상징은 쌀가마니와 연꽃의 잎으로 사람들은 매년 검은콩을 300개씩 바쳤다.

불교에서 부처는 몇 명의 하급 신菩薩을 거느리고 있다. 백단향을 가지고 있는 것이 각왕覺王보살로 벚꽃이 지는 것을 보면 그와 동일한 것을 내리게 하고 너무 기뻐서 웃음을 짓는다. 이 보살은 꽃이 가득 피어 있는 오염되지 않는 세계에 살고 있다고 한다.

양유관음楊柳觀音은 버드나무 지팡이를 들고 있는데 자기가 인간의 바람을 어느 방향으로 향하게 했다는 것을 암시한다.

연꽃은 불교와 관련이 깊다는 것은 널리 알려진 사실인데 일본에서는 보리수도 중요한 나무이다. 그리고 인도에서는 보리수를 성령이 깃든 깨달음의 나무라고 부르고 있다. 그것은 부처가 보리수 그늘 아래에서 참된 깨달음을 얻었기 때문이다.

다음은 다이지자이텐大自在天으로 현상계를 통치하는 신인데 일본에서는 신을 재판한다고 한다. 다이지자이텐은 세상을 창조한 최고의 신이다.

다이지자이텐이 사는 궁전 앞에는 종려나무 모양을 한 한 그루의 나무가 서 있는데 천상생활의 나무라고 부른다. 그리고 다음과 같은 전설

다이지자이텐(大自在天)의 가면.

이 있다.

"그 꽃은 봄에 피는데 7일째가 되면 일곱 색깔의 일곱 이파리가 떨어진다. 열매가 열리는 가을에 7일째가 되면 바로 일곱 색깔의 열매가 일곱 개 떨어진다. 나는 꽃이 피는 것을 보면 태양의 궁전으로 간다. 나는 열매가 떨어지는 것을 보면 나의 나라로 돌아간다."

아마 이것은 태양의 운행에 관한 시일 것이다.

지옥에 대해 생각해보자. 불교에서 말하는 지옥인 삼악도三惡道의 강기슭에 의령수衣領樹라는 나무가 있다고 한다. 이것은 의복의 나무이다. 여기에서 강의 여자는 죽은 사람을 벌거벗기고 그 여자의 남편은 옷을 나무에 걸어놓는다. 이 여자는 바퀴 같은 눈을 가진 17길약 30.6미터이나 되는 거대한 여자라고 불린다.

또한 북구 신화에는 이둔이라는 여신이 있다. 이둔은 어떤 신이 늙었다고 느끼면 먹으면 젊음을 되찾을 수 있는 사과를 상자에 넣어 그 신에게 간다. 이 사과를 영원한 청춘의 상징인 이둔의 사과라고도 부르는데, 그것이 일본에서는 하늘에 달려 있는 복숭아로 변한다. 그 복숭아는 3000년에 하나밖에 열매를 맺지 않는다. 하늘을 떠나온 한 여자가 일본의 왕에게 선물로 복숭아를 주었다. 이 복숭아를 먹은 왕은 3000년 동안 살았다고 한다.

옛날 복숭아 축제를 할 때 사람들은 일본의 어머니와 딸들이 건강하게 지내기를 기원하며 그들에게 복숭아꽃이 들어간 떡을 주었다. 오늘날에는 축제 때에 복숭아꽃을 띄운 술을 마신다.

몇몇 나무에 얽힌 이야기

일본과 중국에서는 복숭아나무를 매우 소중히 여긴다. 일본은 모모타로桃太郎의 이야기가 있을 정도로 친숙하다. 모모타로는 일본의 대표적인 설화에 등장하는 주인공으로 복숭아에서 태어나 개, 원숭이, 꿩을 거느리고 도깨비 나라인 오니가 섬에서 도깨비 사냥을 한다. 일본인들은 복숭아가 귀신이나 악령을 물리칠 수 있는 힘을 지니고 있다고 믿었다.

이번에는 노송나무를 살펴보자.

노송나무는 2미터 이상 높게 자란다. 그 탓인지 노송나무는 태양신에게 바쳐진 신성한 태양의 나무이다. 노송나무는 불의 나무이고 태양의 나무이지만 그 목재는 아름답고 하얗고 비단처럼 광택을 지니고 있다. '영웅이 인간의 명예인 것처럼 노송나무는 숲의 영광'이라고 노래한 시인이 있었다.

태양신을 모신 모든 신사에는 노송나무가 반드시 존재한다. 펄럭거리는 하얀 종이가 달린 막대기神幣竹도 노송나무로 만든다. 또한 신사에서 쓰이는 도구도 노송나무로 만든다. 미카도帝의 궁전에 필요한 물건이나 미카도나 미카도의 부인 방도 노송나무로 만들어져 있다.

소나무로 이야기를 옮겨보자.

일본에는 소나무가 종류도 다양하고 매우 많이 서식한다. 희귀한 솔소나무도 있고 적송도 있다. 그리고 일반적인 소나무가 민중의 생활 속에 큰 역할을 담당하고 있다. 소나무는 무엇보다 수명이 길고 그것이 종교의 상징으로 큰 의의를 지니고 있다. 소나무는 또한 장식하는 나무로도 많이 애용되고 있다.

따라서 소나무는 매화나무와 함께 미카도가 사는 곳 앞에 영원을 상징하며 심어져 있고 뜰 안에 있는 일반 가정의 신전을 덮고 있다. 또한 1월 1일에는 새봄을 축하하며 집집마다 문 앞에 소나무를 세워둔다.

삼보三保의 마츠하라松原에 선녀가 춤을 춘다는 이야기가 전해질 정도이다.

이처럼 일본의 식물 숭배는 헤아릴 수 없이 많은데 도시만을 돌아다니는 여행자들 가운데 "일본에서는 새가 울지 않는다. 꽃은 향기가 나지 않는다"라고 말하는 사람이 있다. 이것은 대단한 착각이다. 일본에는 수많은 들새가 서식하고 있고 꽃도 아름답다. 예를 들어 여름이 가까워지면 백합이 피어 향기를 풍긴다. 그 향기는 매우 강해서 공작선인장과 비슷하며 꽃의 고운 모습은 제비꽃과 비슷하다. 커다란 백합도 있다. 이 백합은 오래된 종교적 법전에 의하면 사치의 상징으로 여겨졌다. 그래서 그 법전에는 백합을 태양신을 모시는 성지에 심을 수 없도록 금지시킬 정도였다.

일본에서는 백합이 아름답게 피고 향기를 내뿜는다. 또한 4,5월은 등나무 꽃이 흐드러지게 핀다. 사람들은 등나무를 감상하며 술을 마신다. 또한 종이에 글을 적어 가장 아름다운 등나무 꽃에 매단다. 그리고 사랑하는 사람의 길흉을 꽃으로 점치기도 한다.

태고의 미카도 법률에는 일본인의 특징인 자연에 대한 사랑과 식물숭배가 잘 드러나 있다. 이것은 나무 정령의 숭배라고 하는 식으로 규정할 수도 있다. 다시 말해서 부인들과 집의 부뚜막을 장식하거나, 명예로운 전쟁에 출전하는 병사들의 식량과 장식에 도움이 되는 유용한 식물을 재배하기 위한 토지를 태양의 여신이 주었다고 하는 사상이 그것이다.

유럽 문화의 은혜를 비교적 오랫동안 받지 못한 곳이나 민족은 매년 갖가지 색깔로 피어나는 많은 식물과 깊은 관계를 가지고 보기에 부러울 정도로 그곳에서 삶의 기쁨을 찾아냈던 것이다.

고대 그리스의 철학자이자 채식주의자인 포르피리우스는 이렇게 말했다.

"원시인은 그 미신의 대상을 동물에서 그치지 않고 식물에까지 넓혔기 때문에 불행한 생활을 하게 되었다고 말할 수 있다. 전나무나 참나무에 영혼이 깃들어 있다고 생각하고, 그 나무를 자르면 소나 양을 죽이는 것과 마찬가지로 벌을 받는다고 생각했다."

 # 식물 숭배와 축제

축제와 그 관례는 일본인의 본질과 밀접하게 연관을 맺고 있기 때문에 일본인들은 조그마한 동기라도 있으면 축제를 연다. 그래서 축제일이 유럽보다 훨씬 많다. 축제는 부분적으로 종교적인 색채도 지니고 있지만 한편으로 사교적인 면도 강하다.

물론 언제나 화려하고 대규모로 행해졌던 것은 아니다. 때로는 매우 간단하게 거행된다. 한 예로 10세기에 우정의 징표로 와카나若菜라는 야채를 보내는 관습을 들 수 있다. 와카나는 봄에 가장 먼저 나오는 야채를 의미하는데, 일본인들은 음력 1월 7일에 미나리, 냉이, 쑥, 별꽃, 광대나물, 순무, 무를 함께 찧어 죽에 넣어 먹으면 모든 병을 막을 수 있었다고 믿었다.

젊은이들은 '당신을 위해 봄 들판에 나가 약초를 캐는 내 옷과 손에 눈은 내리고'라는 노래처럼 와카나를 따서 사랑하는 애인에게 선물하기도 했다. 이것은 축제의 순수함을 보여주는 것이라 하겠다.

또한 일본의 축제에서 식물로 장식하지 않은 것은 하나도 찾아볼 수 없다. 1월 1일이 되면 각 가정마다 가도마츠門松라고 부르는 소나무와 대나무를 장식하고 새 집이 완성되었을 때에도 장식을 빼놓지 않는다. 모든 축제와 경사에 반드시 식물을 장식하는 관습이 있다. 평소에는 집안을 꽃으로 장식한다. 도기로 만든 꽃병에 꽃꽂이를 한다. 꽃꽂이는 매우 예술적인 것으로 세계 어디에서도 그 유례를 찾기 어렵다. 그리고 3월 3일에는 복숭아를 장식한다.

일본인은 특별할 때에만 축제를 여는 것이 아니다. 자연의 작은 현상에도 축제를 벌인다. 그 가운데 중양절重陽節이 있다. 음력으로 9월 9일인 이날에 국화를 달인 것을 마신다. 국화는 장수를 하게 해준다는 이유로 차나 술에 넣어 마신다.

또한 축제 때에는 신여神輿를 멘다. 신여는 신을 모신 가마로 일종의 신사라고 할 수 있다. 일본인들은 신여를 메는 것이 축제에 가장 잘 어울리는 행사라고 마음 속 깊이 인식하고 있다. 신여는 신을 모신 가마로 축제 땜에 가마를 메고 흔든다. 이 가마 흔들기는 땅을 발로 밟아 토지의 생산력을 높이려는 행위로 설명되는데 학자에 따라서는 성교의 결합 행위에서 유래했다고 설명하기도 한다.

그렇다고 꽃 축제가 종교적인 성격만을 지니고 있는 것은 아니었다. 그저 매화가 피면 매화 구경을 가고, 벚꽃이 피면 벚꽃 구경을 간다. 찻

정원에서 눈을 구경하는 미인. 鳥居淸長

집이 문을 열고 깃발 등으로 장식하면서 모두 기쁘게 즐긴다. 추운 겨울에는 팥죽을 먹는 것도 일본인에게는 하나의 축제였다.

그러나 이렇게 많은 축제와 그와 비슷한 행사 중에 조상을 회상하는 것이 있는데 그것은 7월 15일에 행해진다. 다른 곳에서는 이보다 한 달 늦게 8월 15일에 행해지는데 이것이 오봉이다. 한국에서는 추석이라고 부른다. 사람들은 위패를 세우고 과일, 야채, 차가 들어 있는 용기 등 공양물을 늘어놓는다. 그리고 꽃을 장식하고 조상의 영혼을 맞아들이는 불을 피운다.

일본에서는 꽃을 장식하면 그것이 어떤 꽃이든 그 자체로 하나의 축제가 성립된다. 1월 1일에는 꽃을 장식하고 깨끗한 옷을 입으며 백인일수百人一首라고 부르는 딱지놀이를 하고 3월 3일에는 모든 미인이 꽃이 만발한 뜰에 모여 승부를 겨룬다. 백인백수는 백 명 시인들의 시를 한 수씩 뽑아 놓은 것을 뜻한다. 그러나 일본인은 축제 때만 꽃으로 장식하는 것이 아니다. 언제나 집 안팎을 식물, 특히 꽃으로 장식하기를 좋아한다.

식물 숭배의 변화

일본인이 볼 때 인간은 수목의 후예이기 때문에 죽어서 다시 수목이나 다른 식물로 돌아간다. 따라서 신, 즉 식물의 영혼은 끊임없이 여행을 한다. 인간의 육체에 신이 깃드는 것은 신의 아름다운 존재가 일시적으로 중단되는 것을 의미한다. 그리고 신은 인간의 모습을 하고 여기저기서 마음에 드는 일을 하기 위해서는 영혼으로서의 아름다운 존재를 버려야 하고 그리고 다시 식물로 돌아가야 한다.

나이를 먹어 같은 날에 죽은 행복한 부부의 이야기가 전해져 온다. 두 사람의 영혼은 해안에 있었던 그들의 집을 덮고 두 사람의 행복한 결혼의 증인이었던 소나무로 돌아갔다. 소나무는 두 사람의 행복을 표상하듯이 무성했다. 그래서 훗날 그 소나무를 '부부의 소나무'라고 부르게 되었다.

나뭇가지가 바닷바람 때문에 살랑살랑 소리를 내는 달이 맑은 밤, 두 사람은 소나무에서 살짝 빠져나와 예전에 살았던 집을 찾아간다. 그리고 남자는 대나무로 만든 갈퀴를, 여자는 빗자루를 들고 소나무의 잎을 모은다.

오랜 세월이 흘렀지만 높은 모래 언덕 위에는 1년 내내 푸르렀다. 침과 같은 잎으로 장식된 태고의 소나무는 몇 번이고 휘어진 무성한 가지를 가지고 있었으며 뿌리 근처에서 커다란 두 개의 줄기가 갈라져 있다. 그것은 늙어서 죽은 부부의 영혼이 다시 식물로 돌아간 행복한 모습인 것이다.

그런데 이러한 생각을 점차로 변화시키는 사상이 일본에 수입되었다.

그것은 불교였다. 도쿠가와 요시무네德川吉宗는 《공사방어정서公事方御定書》 속에서 다음과 같이 말하며 한탄했다.

"우리 모두가 이 세상에 존재하고 있는 것은 우리의 조상인 조국의 신 덕분이다. 그런데 현재 대부분의 지방에서 공자나 석가, 선도禪道 등의 가르침이 민중들에게 숭배되고 있다. 이 때문에 신의 가르침이 등한시되고 있다."

에밀 융 박사에 따르면 일본의 신도에는 유령의 이야기와 기적이 파고들어갈 여지가 없다. 따라서 모든 계급의 사람들 속에 뿌리를 내리고 있는 미신적인 생각을 열심히 불러일으킨 것은 불교의 승려라고 주장했다. 승려들이 그렇게 한 까닭은 벌을 두려워하게 만들어서 민중의 마음을 끌어당기려는 그들의 이익 때문이었다. 니토베 이나조우新渡戶稻造 교수는 다음과 같이 말했다.

"신도의 가르침 가운데 도덕적인 내용은 다음과 같은 것이라고 생각된다. 너 자신을 알고 너의 내면을 보라. 너에게 이것을 보여주거나 저것을 명령하는 신이 깃들어 있는 너의 마음을 알아야 한다. 네가 어디에서 왔는지를 알아야 한다. 특히 너의 부모, 또 그 부모의 부모를 알아야 한다. 그렇게 세대를 거슬러 올라가라. 네가 살고 있는 것은 조상 덕분이다. 조상은 볼 수가 없다. 또한 네가 있는 장소, 특히 너의 행복과 안전을 보호해주는 질서정연한 국가를 생각하라. 이 국가가 없으면 너의 어머니는 너에게 생명을 주지 못했을 것이고 너를 키우지 못했을 것이다. 또한 국가가 없다면 너의 자손들은 번영할 수 없을 것이다."

신도는 다양한 형태를 지닌 나무 정령에 대해 예배와 신앙을 표상한다는 것을 앞에서 이미 살펴보았다. 그리고 조상, 자기, 자손으로 이어지는 인간의 존재를 아름답고 즐거우며 행복한 것으로 생각하도록 이끈다. 일본인은 꽃을 장식하고, 이러한 신앙 속에서 살아왔을 것이다.

그럼에도 불구하고 이방인이 볼 때 신앙은 아무래도 상관없다는 듯이 보이게 만들었다. 그 증거로 전래되어 오는 다른 종교를 쉽게 받아들이는 것을 들 수 있다. 도쿠가와 요시무네가 지적한 그대로이다.

그리고 일본인은 나무 정령의 숭배자가 되든지 다신론자多神論者가 된다. 필요와 편의에 따라 때로는 무신론자가 되기도 하고 일신론자一神論者가 되기도 한다.

호즈미 노부시게穗積陳重 교수는 다음과 같이 말했다.

"우리는 죽은 자의 제삿날에 묘지를 찾아가 꽃과 음식, 마실 것을 바치고 양초를 켜고 향을 피우며 제사를 지낸다. 모든 것은 죽은 자와 나눈 추억을 바탕으로 사랑과 존경의 마음으로 거행된다. 공포심은 전혀 느끼지 않는다. 그리고 전승이라는 면에서 보면 조상의 영혼을 달래기 위한 목적으로 조상을 숭배한다는 결론을 내릴 수 있는 것은 하나도 없다."

인간이 죽으면 그 영혼은 자유가 되어 자기가 살아온 나무와 식물로 돌아간다. 이 영혼이 옛집으로 손쉽게 돌아갈 수 있도록 사람들은 묘지에 꽃과 나무를 심는다. 즉 조상의 영혼을 달래기 위해서이다.

일본에서도 잘 알려져 있고 공포의 대상이 되고 있는 것으로 흡혈귀가 있다. 흡혈귀는 사람들이 그 영혼을 달래주지 않기 때문에 사람들 주위를 어슬렁거리는 것이다. 또한 이 세상에서 성적으로 만족하지 못했기 때문에 위로받을 수 없는 여우의 모습을 한, 다시 말해서 언제든지 변신할 수 있는 나무 정령의 모습을 한 남자 영혼과 여자 영혼의 충족되지 않는 성적 쾌감에 대한 묘사도 많은 문학 작품에서 살펴볼 수 있다. 다음과 같은 전설이 있다.

어떤 남자가 애인의 묘지 옆을 죽은 애인을 생각하며 지나고 있었다. 그때 등을 든 여자 하나가 묘지에서 그의 뒤를 따라오기 시작했다. 그 여자는 그의 죽은 애인이었다. 그 이후 그녀는 매일 밤 그를 찾아왔다. 결국 그 모습을 다른 사람이 보고 말았다. 남자의 눈에는 아름다운 여자로 보였지만 제3자의 눈에는 끔찍한 해골로 밖에 보이지 않았다. 그래서 사람들이 그 남자에게 그 사실을 알려주었다. 그 후에 그녀는 다시 그를 찾아오지 않았다. 그녀가 다시 묘지로 돌아간 것은 그녀가 예전에 애인으로부터 받은 선물이 묘지에 바쳐져 있었기 때문이었다.

일본인은 등불 행렬이나 여러 영혼의 축제 때에 애인의 무덤에 동백나무 가지를 두고 뜰에는 1년 내내 산다화山茶花를 놓아둔다. 신도는 살아 있는 사람들의 자연스러운 감정을 바탕으로 생겨서 그와 함께 자라난 순수한 자연 종교이다. 인간은 식물의 한 현상에 지나지 않기 때문에, 또한 영혼이 식물로 돌아가기 때문에 식물은 과거, 그리고 미래의 집으로서 숭배되는 것이다. 이것은 일본인의 조상 숭배와 그곳에서 유래한 도덕을 이해하는 데 중요한 열쇠가 된다.

제 11 장

성기 숭배

남성 성기 숭배

　오늘날 일본에서 성기 숭배의 전통은 거의 단절되고 말았다. 과거에 그런 사실이 있었다는 흔적만이 남아 있을 뿐이다. 일본 정부가 메이지 유신을 선포하고 외국과의 교류를 활발히 진행하는 과정에서 외국인에 대한 체면으로 인해 성기 숭배를 추방했기 때문이다. 외면적인 체면을 생각했던 것이다.

　그러나 고대 일본에서 가장 널리 사랑받았고, 또한 가장 많았던 신성神性은 다름 아닌 남성 성기였다. 사람들은 길 곳곳에, 특히 십자로나 밭에 붉게 칠한 남성 성기를 상징하는 돌과 나무 기둥을 세워놓고 풍요나 다산, 희망 등을 기원했다. 다리의 제방에도 이와 같은 남성 성기를 의미하는 기둥이 서 있었다. 이것은 오바시라㭯柱라고 부르는데 기둥은 1장에서 본대로 남성 성기를 상징화한 것이다.

　이 오바시라에 대응하는 것을 이집트, 그리스, 로마 및 인도 등에서도 볼 수 있다. 이집트의 신전 앞에는 오벨리스크라는 거대한 돌기둥이 서 있다. 그리스 인이 이집트 인에게 배우고 로마 인이 그리스 인에게 배운 것처럼 일본인은 중국인을 통해서 붉은 돌과 통나무를 이용해 인간의 모습으로 만드는 기술을 배웠다.

세월이 흐르면서 차츰 조야한 상징물은 점차 세련된 모습으로 바뀌었다. 그러나 돌로 만든 남성 성기는 민간에서 비록 소박한 형태지만 오랫동안 존속되었다. 그러나 그리스 인과 로마 인은 그들의 과거와 바로 인연을 끊고 말았기 때문에 전통이 단절되었다.

여기에 반해 일본인은 각 시대마다 숭배했던 대부분의 신앙 형식을 있는 그대로 보존해왔다. 그 때문에 일본인은 예술적 취미와 어울리는 모든 종교적인 만족을 충족시킬 수 있었다. 따라서 일본인의 종교는 오래된 것과 새로운 것 등이 가게를 가득 채우고 있어서 주인만이 상황을 파악하고 있는, 그래서 가게를 찾아오는 손님은 혼잡함 때문에 곤혹스러워하게 되는 고물상과 비슷하다고 말할 수 있다.

어스톤은 《고사기》와 《일본서기》 속의 신화를 바탕으로 해서 나름대로의 주장을 펼쳤다. 즉 남성 성기적인 신성과 관능적인 생명력의 인격화는 원래 마술의 목적으로 사용되었는데, 나중에 인격화되고 신이 되었다는 것이 그것이다. 그러나 이 말은 선뜻 받아들이기 어렵다. 성충동의 인격화는 그 자체가 원시적인 현상이며, 좀 엄밀하게 말한다면 성기의 원시적인 현상이라고 할 수 있지 않을까?

1795년에 발행된 《동유기東遊記》 속에 이런 구절이 있다. 《동유기》는 다치바나 난케이가 1784년 봄부터 2년 동안 교토에서 에도까지 각 지방을 편력하며 설화와 신기한 이야기, 기묘한 풍습 등을 보고 기록한 책이다. 거기에 이런 구절이 있다.

양쪽에 까마득한 절벽이 우뚝 솟아 있다. 데와出羽의 아쓰미温海 길을 따라 몇 군데 바위에서 바다로 금줄이 십자로 쳐져 있다. 이 금줄 아래에는 예술적으로 조각된 나무로 만든 남성 성기가 놓여 있어서 길을 장식하고 있다. 그것은 매우 커서 높이가 2미터 이상, 둘레가 1미터 이상이다. 나는 매우 불쾌했기 때문에 주민들에게 "왜 이런 것을 섬기냐"고 물었다. 그러자 "이것은 태고로부터 전해진 풍습이다"라고 대답했다.

사람들은 이 남성 성기를 '사이노카미幸神'라고 부르며 매월 15일이 되면 어김없이 청소를 하고 손질을 한다. 사이노카미는 지방 신이기 때문에 어떤 조건하에서도 소홀함이 없고, 또한 아무리 지위가 높은 사람이 온다고 해도 다른 곳으로 옮기거나 하지 않았다.

나는 금줄에 종이가 많이 달려 있는 것을 보았다. 부인들이 그것을 아름다운 연인을 대하듯 몰래 찾아와 달아놓은 것이다. 이것은 분명히 태고의 풍습이다. 그리고 농민들은 돌로 만든 남성 성기와 여성 성기를 수호신의 신체로 숭배하는 일도 많았다.

그러나 남성 성기의 신성을 일반적으로 '사에노카미塞神'라고 불렀다. 사에노카미는 막아주는 신이라는 의미이다. 이 신은 적의를 가지고 저승에서 나타난 난폭한 악령을 막아주고 병과 죽음 등으로부터도 보호해준다. 서구인들은 저승을 지옥과 동일시하는 경향이 있다. 그러나 일본에서 저승은 죽음을 지칭하는 것에 불과했다. 그리고 죽은 뒤에 어둡고 기분 나쁜 숲을 어슬렁거리는 악령, 즉 무서운 공격자로부터 보호하기 위해, 또는 위협하기 위해서 숲으로 난 길에 이 사에노카미를 세웠다. 성이 지니고 있는 본질적인 생명력으로 악령, 즉 죽음을 막으려고 했던 것이다.

또한 나그네를 보호하기 위해 길에 석상을 세웠는데 이를 도소신道祖神이라고 한다. 도소신과 사에노카미는 이름만 다를 뿐 그 역할이나 모습은 동일하다. 일반적으로 도소신에 대한 제사는 음력 정월 14일과 15일에 아이를 중심으로 행해졌다. 이 제사는 마을 전체의 행사로 마을의 안녕과 풍년을 기원하는 의례이기도 했다. 아이들이 집집마다 돌면서 장작, 마른 대나무, 장식물을 얻어 도소신 앞에 높이 쌓아 올린다.

보름달이 뜨면 아이들은 장작더미에 불을 붙이고 활활 타오르는 불길을 향해 마음껏 소리를 지른다. 불이 타고 남은 모닥불에 떡을 구워 먹는데 이 떡을 먹으면 1년 동안 감기에 걸리지 않는다고 한다. 어른들은 거대한 남근상 앞에 모여 술을 마신다. 요란한 축제인 셈이다. 이런 축제를 통해 아이들은 성에 관한 지식을 얻게 된다.

군마群馬현에서는 도소신 축제 때 남녀가 서로의 성기를 내보이는 풍습이 있었다고 한다. 이 행위는 풍년을 비는 주술적 성격을 지니고 있었다.

군마현의 아카이와赤岩 지역에서는 도소신 제사를 지내는 정월 14일 밤에 부부가 벌거벗고 화로를 중심으로 엎드려 기면서 집안을 빙빙 돌았다. 이때 남편은 자기의 성기를 휘두르며 "조이삭과 피이삭도 이처럼"이라고 노래하면 아내는 자기의 성기를 두드리면서 "큰 가마니에 일곱 가마니"라고 노래한다.

인근의 히라노平野 지방에서는 파종이 끝나면 부부가 함께 밭에 나가서 남편은 성기를 내놓고 아내는 팔을 걷어붙이며 아카이와의 부부가 했던 것과 같은 행동과 노래를 되풀이한다. 또 모심기가 끝나면 젊은 남녀를 껴안게 하고 마을 사람들이 주위에 둘러서서 물을 끼얹으며 "축하한다"는 말을 하는 풍습이 있었다.

가장 소박한 도소신은 남자 성기를 모방해서 만든 돌기둥으로 대부분 농촌 입구에 있는 밭 가운데 놓여 있었다. 가장 유명한 것은 군마현 하카芳賀에 있는 것으로 높이 97센티미터, 둘레 36센티미터, 무게 150킬로그램인 돌기둥으로 곡식의 풍요와 자손의 번창을 안겨주는 신으로 신앙되고 있다. 이에 대응하는 여성 성기는 길옆의 큰 고목 뿌리에 있는 구멍이나 자연 동굴, 큰 돌의 우묵한 곳이다.

사에노카미는 한편으로 역신疫神이라고도 부르는데, 이것은 사에노카미가 나쁜 병을 옮긴다는 의미가 아니라 나쁜 병을 막아준다는 뜻이다. 성기는 생식을 가능하게 해주는 직접적인 물건이다. 생식은 고대인들이 두려워했던 병과 죽음의 반대물이다. 따라서 성기를 병으로부터 지켜주는 신으로 생각하게 되었던 것이다. 그리고 세계 어디를 가더라도 음부를 노출해서 악령을 내쫓는 풍습이 있었다.

악령을 쫓아내기 위해서는 남성 성기의 모습을 한 신을 손에 쥐고 있으면 된다. 그러나 그것을 손에 쥘 수 없는 경우에는 직접 성기를 드러낸다. 또한 성기의 상징을 집이나 보호해야 할 물건에 적어 붙여두기도 하고 그리는 방법도 있다. 이것은 중국에서 쉽게 찾아볼 수 있는 풍습이다. 아이를 낳지 못하는 경우 남근 모양의 돌기둥에 여자가 걸터앉아 비비면 효과가 있다는 속설도 전해진다. 경우에 따라서는 돌기둥에 화환을 걸어두는 일도 있다. 화환은 물론 여성 성기를 상징한다. 이러한 풍습은 미개 민족뿐만 아니라 세련된 문화를 지닌 민족도 지니고 있으며, 또한 하층계급뿐만 아니라 상류계급에서도 찾아볼 수 있다.

굳이 도소신으로 제사를 지내지 않는다고 해도 성기를 닮은 나무나 바위는 얼마든지 널려 있었다. 일본인들은 이들 모두가 악령을 물리치는 힘이나 좋은 인연을 맺게 해주는 힘이 있다고 믿었다. 재미있는 것은 신사에 봉납품으로 바친 성기 가운데 못이 박혀 있거나 바늘이 꽂혀 있는 것이 있는데 이는 남자의 바람기를 막으려는 기원에서 비롯된 것이다.

여성 성기 숭배

미카도의 궁전이나 일반 가정에서 악령을 막기 위한 목적으로 집 북동쪽에 악령의 모습을 한 클로버 형태의 기와를 얹었다. 그 기와에 그려져 있는 얼굴은 클로버 잎을 조형 미술처럼 보이게 하기 위해 나중에 첨가한 것으로 여기서 중요한 것은 클로버 잎이다. 왜냐하면 클로버 잎은 여성 성기를 모형화한 것이기 때문이다.

남슬라브 족의 병아리 모양의 에로틱한 자수에도 성기는 식물의 모습을 하고 있다. 또한 세르비아의 민간 신앙에서도 클로버 잎이 음부의 그림이라는 것을 입증하고 있다.

세르비아의 농촌 부인들은 자기 성기가 방어력을 지니고 있다는 신앙을 가지고 있다. 그래서 그들은 아이가 괴물이나 악령 등에게 습격을 당하면 땅바닥에 앉아서 3번 뛰어오르며 "괴물아 도망가라"라고 외친다. 그들은 엷고 앞이 트인 속옷밖에 입지 않는다. 따라서 뛰어오를 때 속옷이 위로 들뜨게 되고 그녀의 음부는 그대로 드러난다. 다시 말해서 음부를 보여줌으로서 악마적 존재를 퇴치하려고 하는 것이다.

보르네오에서 살고 있는 다이야 족의 마을에는 어디를 가나 남성 성기와 여성 성기가 세워져 있다고 한다. 이 역시 주술적인 성격을 지닌 것이다. 일본의 경우에 집을 다 짓고 상량식을 할 때 나무로 만든 남성 성기를 그 집의 주부가 등에 짊어지고 마루에서 제사하는 지역도 있다.

여성 성기는 주로 바위의 갈라진 틈, 멀리서 본 산의 계곡, 자연적으로 생긴 동굴 등으로 형상화된다. 그러나 남성 성기와는 달리 인공적으로 만들어진 것은 거의 발견되지 않는다.

여성 성기의 상징 가운데 가장 대표적인 것이 자연 동굴이다. 자연 동굴은 여성 성기뿐만 아니라 자궁으로도 상징된다. 1장에서 본 이자나미가 죽어서 간 저승이나 아마테라스가 동생과의 갈등으로 숨은 곳이 모두 동굴로 표현되는데 여성 성기의 상징과 연관이 있다고 할 수 있다.

이처럼 남성 성기나 여성 성기에 나쁜 것으로부터 지켜주는 힘이 있다는 신앙은 태고로부터 지속되어 왔다. 그런데 일각에서는 이런 신앙이 노출증에서 기원했다고 규정하고 사디즘의 변종이라고 생각하기도 하는데 그것은 풍습에 대한 몰이해에서 비롯된 것이다.

 성기 숭배와 신사

고대부터 민간에서 행해져온 성기 숭배는 자연스럽게 종교와 만나게 된다. 종교는 민간의 습속을 그대로 받아들여 기원을 대행해주는 형태로 성기 숭배를 발전시켰다. 일본에서 그 종교는 바로 신도였고 신도의 사원인 신사는 자연스럽게 성기 숭배의 메카가 되었다. 이렇게 해서 성기 숭배는 그 자체가 하나의 예배이고 일종의 신앙적 고백이 되었다. 신사와 성기 숭배가 구체적으로 어떻게 연관을 맺고 있는지 몇 가지 사례를 통해 살펴보자.

한 명의 신관 혹은 여성 신관이 상주하고 있는 신사

일본 동북지방인 센다이仙臺에서 남쪽으로 24킬로미터 떨어진 곳에 나토리名取군 카사지마笠島라는 지방이 있다. 그곳에 도소道祖신사라고 불리는 신사가 있는데 이곳은 250년경 야마토타케루에 의해 건립되었다고 전해진다. 이곳에서 숭배하고 있는 신은 사루타히코이다. 사루타히코는 하늘에서 신이 내려올 때 길을 안내했던 신이다. 1장에서 아메노우즈메가 옷고름을 풀고 자기 몸을 노출시켜 싸움을 막은 이야기를 살펴보았다. 사루타히코는 '이나리稻荷'라고도 불리는데 이나리는 벼에 깃들어 있는 신으로 곡식의 풍요를 담당한다.

이 외에 이와테岩手현 이와테군 마키호리卷堀에 있는 신사에서도 이자나기, 이자나미, 그리고 사루타히코를 숭배하고 있다. 그리고 민간에서 이 세 신을 금정대명신金精大明神으로 부른다. 즉 생명의 근원으로 찬란하게 빛나는 신이라는 의미이다.

작은 신사

코베 근처에 있는 아카시明石에서 내륙으로 12킬로미터 들어간 곳에 칸데神出의 예배소가 있다. 이 지방에서는 다이세키미야, 라노세키미야라고 부른다. 그것은 거대한 돌로 만든 제단으로 바로 남근석 제단이다. 이 거대한 남성 성기는 내륙 깊숙한 지역에 있었기 때문에 근대의 개혁자들이 자행한 우상 파괴에서 벗어날 수 있었다. 이 지방 사람들은 이 남근석 제단에서 일상의 사소한 욕구를 기원한다.

이 신사는 약 3제곱미터의 좁은 곳이지만 그곳에는 대중적인 그림이 그려져 있고 앞과 뒤에는 나무 의자가 설치되어 있어 약 1.3미터의 남성 성기를 볼 수가 있다.

신사 주위에는 대나무 숲이 있고 울타리 안에는 바닥이 조개껍질로 뒤덮여 있지만 다른 보호물은 없다. 제단과 남성 성기로부터 30여 미터쯤 떨어진 곳에 여성 성기가 서 있다. 여성 성기라고는 하지만 사실은 3개의 바위가 자연스럽게 어울려 여성 성기의 모습을 하고 있는 것이다.

많은 성기를 비에 젖지 않도록 보호하고 있는 작은 신사

일본에서 유명한 관광지인 닛코日光 부근에 있는 유모토湯元 호수 위에 있는 곤세이金精라는 산마루에서 남근 제단이 발견되었다. 그래서 이 제단을 곤세이 제단이라고 부른다. 이 제단은 만들어진 시기가 상당히 오래된 듯했다. 일본 연구가로 이름이 높은 챔벌리와 메이슨은《일본 핸드북》이라는 책에서 이 제단에 대해 다음과 같이 기록해 놓았다.

"숭배의 대상인 성기는 처음에 금으로 만들어졌고 나중에 돌로 만들어졌다는 사실이 전설로 남아 있다. 공물, 특히 목제와 석제 장식품이 자주 제단에 바쳐졌다. 일본의 성기 숭배의 기원에 대해서는 잘 알려져 있지 않다. 그러나 곤세이는 시골이고 그와 함께 동북 지방이라는 사실은 성기 숭배가 거의 모든 지역에서 행해진 것은 아닐까라는 생각을 가지게 한다."

이 예배소는 나무로 만든 작은 집으로 주위가 약 1.2미터이고 삼면이 장식을 위한 돌출부가 있으며 그 위에 다양한 크기의 목제와 석제로 만들어진 남성 성기가 2,30개 놓여 있었다. 예배소 근처에 커다란 석등이 서 있다. 또한 제단에는 여관의 이름과 주소가 적혀 있었는데 그것은 순례자들을 상대로 한 것으로 생각된다. 그러나 한편으로 이들 여관들이 돈을 내서 제단을 수리했을 가능성도 있다.

이와 비슷한 예배소가 아마테라스를 숭배하는 이세신궁伊勢神宮의 북서쪽에 있는 오야마츠미노카미大山祇神, 큰 산을 소유하고 있는 신이라는 뜻를 숭배하는 신사와 그의 딸 고노하나사쿠야히메木花之開耶姬, 산에 피어 있는 꽃처럼 아름다운 여자라는 뜻를 숭배하는 신사의 중간에 있다.

이 제단은 전형적인 남성 성기와 여성 성기로 에워싸여 있다. 그러나 12개나 되는 도리이鳥居, 신사의 입구에 세워 놓은 기둥 문가 그 앞에 있어서 자세히 관찰하지 않고 지나가는 사람들은 그곳에 무엇이 있는지 쉽게 알아차리지 못한다.

고노하나사쿠야히메를 숭배하는 신사에는 아이와 아내, 또는 병에 걸린 성기의 치료를 간원하는 사람들이 일반 남성 성기와 여성 성기를 봉납하거나 바치기도 했다. 그리피스는 그의 저서 《미카도의 제국》에서 다음과 같이 말했다.

"나는 이 제단과 상징이 일본 동쪽과 북쪽에서 특히 많이 존재한다는 것을 알아차렸다. 나는 그것을 적어도 12개 이상 보았다. 우연히 닛코를 여행하다가 시골길에서 발견한 적도 있다. 임신을 하지 못하는 자가 아이를 기원하며 제단에 바친 것이다. 1874년까지는 사가미相模, 가즈사上總, 그리고 도쿄에서도 나무와 돌로 만든 제단을 볼 수 있었다."

울타리만 있는 경우

이것은 가장 오래된 형태로 지붕이 없는 공간이다. 이 경우 숭배의 대상인 성기는 바깥에 그대로 노출된다.

아마 황량한 닛코의 대지臺地가 이런 곳이 아니었을까 생각된다. 이곳은 미국인 가족의 주요한 여름철 휴양지였다. 그 가운데 선교사가 있어서 주위에 어지럽게 널려 있는 모형 성기를 보고 질색을 했다고 한다. 일본 정부는 선교사의 항의를 받아들여 남성 성기를 모두 주위에 있는 사원으로 옮겼다.

시모우사下總의 가토리香取군의 마츠자와松澤 마을의 이야기를 살펴보자. 이것은 미야세 사다오宮瀨定雄가 쓴《고사전古史傳》을 바탕으로 히라타 아츠타네平田篤胤가 쓴 것을 인용한 것이다.

"이 마을에는 남성 성기와 여성 성기가 나란히 서 있는데, 이 둘은 술을 즐겨 마신다. 그 때문에 사케노미이시酒飮石라는 이름이 붙어 있다. 신자들은 술을 바치고 곧바로 그 술을 나눠 마신다. 여기에는 250년 전의 이야기가 얽혀 있다. 당시에 여성 성기는 남성 성기와 나란히 서 있지 않았고 그 때문에 인근 마을로부터 소외를 당했다. 그래서 이 두 마을의 주민들은 결혼을 할 수가 없었다. 돌이 마을로 돌아오고서야 사람들은 활기를 되찾을 수 있었다고 한다.

마찬가지로 집 바깥에 성기의 모양을 한 것 가운데 매우 재미있는 것이 많이 있다. 그러나 사람들이 기술을 가해서 자연의 모습대로 만든 것인지, 아니면 예술가가 자연의 모습을 한층 더 미화시킨 것인지 판단을 내리기는 매우 어렵다.

다음에 비젠備前의 이누大 섬에서 약 1.2킬로미터 떨어진 곳에 있는 높이 6미터 정도의 자연적인 남성 성기와 그것과 조화를 이루고 있는 커다란 여성 성기를 올려다볼 수 있다.

치구고筑後의 구로키黑木라는 지방에 있는 불교의 사원인 레이간샤靈巖寺에는 4.5~6미터 정도의 높이를 가진 4쌍의 매우 큰 남성 성기가 있다. 이는 신도의 사원인 신사뿐만 아니라 불교에서도 민간의 성기 숭배가 이루어졌음을 반증하는 예이다."

상징으로서의 성기

지금까지 살펴본 것처럼 일본인은 성기에 주술적인 힘이 있다고 믿었다. 그래서 자연적으로 만들어진 성기 모양에 제단을 차리거나 인공적으로 만들어진 성기를 몸이나 집 안에 모셔두었다. 또한 장사가 번창하기를 기원하며 유곽에 성기를 모시는 제단을 꾸미기도 했다. 이런 까닭에 유곽에서 성기 숭배의 흔적인 성기 모형이 많이 발견되었던 것이다.

성기는 자연적으로 만들어진 것과 인공적으로 만든 것으로 나눌 수 있다. 성기 숭배를 시대적으로 보면, 비교적 고대에는 자연적으로 만들어진 성기 모양 앞에 제단을 차리고 숭배의 대상으로 삼았다. 그러던 것이 점차 인공적으로 만들어진 성기를 집이나 신사에 모셔두고 성이 지닌 주술력을 얻으려고 했다.

자연적인 것은 대개 물의 침식에 의해 만들어진 것이다. 먼저 남성 성기를 보면, 흔히 볼 수 있는 것이 물의 침식으로 자연스럽게 깎여나간 돌에 귀두처럼 보이는 작은 혹이 달려 있거나 귀두와 음경을 구분하는 듯이 색이 다른 층의 테두리가 있는 것이다. 테두리가 있는 것은 이와테岩手현의 미즈자와水澤에 있는 것이 대표적이다. 여성 성기 역시 물의 침식에 의한 형태가 많다. 역시 이와테현의 미즈자와에 지름이 4.5센티미터 정도 되는 여성 성기 모양의 바위가 있다. 또한 중앙 부근이 깊이 팬 여성 성기 모양의 석영도 있다.

자연적인 것에 비해 인공적인 것은 매우 다양한 형태를 지니고 있다. 이들은 대개 돌이나 나무를 이용해 만든 것으로 실물과 비슷한 크기와 형태를 가지고 있다. 한 유곽에서 보유하고 있는 남성 성기는 그 제작 연대가 오래되어 색이 거멓게 변해서 오히려 실물과 거의 흡사한 경우도 있다. 또한 복숭아 색 반점이 찍힌 것과 신성함을 나타내기 위해 금박을 하고 색을 칠한 성기도 있다.

그리고 남자아이로부터 악귀를 쫓아내기 위해 만든 한 쌍의 남성 성기도 눈에 띄는데 생김새를 보면 아래 부분은 8각형이고 그 위에 8각형 추가 달려 있어 분홍빛, 심홍색, 녹색 반점이 있다. 한가운데 끈이 지날 수 있는 구멍이 뚫려 있어 이것은 아이가 어깨에 멜 수 있도록 하기 위한 것이다.

더욱 특이한 것은 예복을 입고 앉아 있는 사람의 머리를 형상화한 남성 성기와 귀두이다. 도자기로 만들어 날염한 옷을 입혀 놓았는데 성기의 인격화에 주목할 필요가 있다. 여자가 거대한 버섯 모양을 한 도자기로 만든 남성 성기를 등에 업고 있는 것도 있는데 이는 신앙의 대상이 아닌 일종의 노리개이다. 그리고 하나가 아닌 4개를 한 세트로 만들어진 것도 있다. 나무를 남성 성기 모양으로 조각해서 짙게 채색했다.

여성 성기의 경우는 그 생김새 때문에 조개류가 눈에 많이 띈다. 사람의 이름이 적혀 있는 전복이나 조개 등은 모두 여성 성기를 상징하는 것이다. 일본 여성들은 아이를 기원하며 조개를 닮은 여성 성기를 신사에 바쳤다. 여성 성기가 생명력을 지니고 있다고 믿었던 탓이다.

일본인은 조개류 외에 복숭아를 여성 성기를 상징하는 물건으로 생각했다. 복숭아의 갈라진 틈이 여성 성기와 닮았다고 생각했던 것이다. 축제가 열리면 복숭아 모양을 한 사탕을 팔기도 했는데 이 경우에도 여성 성기의 생명력을 공유하려는 생각이 내재되어 있다고 하겠다. 인도에서는 복숭아 대신 살구를 쓴다고 한다.

이 외에 남녀 성기가 혼합되어 있는 것도 있다. 이 경우 성행위를 상징하는 경우가 많다. 그 대표적인 것이 인삼이다. 인삼은 뿌리가 인간의 모습을 닮은 것일수록 좋다.

주술 도구

여러 가지 예배 도구 가운데 종이로 만든 주술 도구는 일본에서 가장 많이 발견되는 것이다. 대개 가정에도 몇 개씩 있으며 그 가운데에는 남성 성기적인 것도 있다.

그 대표적인 것이 신의 이름을 적어 넣은 글이다. 안전한 출산이나 아이를 원하는 사람들이 바친 것이다. 이런 까닭에 그 속에 아이를 낳지 못하는 여자들이 복용하는 해조가 들어 있는 경우도 있다. 이것은 일본에 있는 수천 가지의 주술 도구 가운데 하나이다.

또한 신의 이름 좌우에 다음과 같은 말이 적혀 있는 것도 있다.

"허리 아래에 생긴 모든 병에 효과가 있다. 장수할 수 있을 것이다. 임산부에게 좋다. 어머니와 아이가 건강해질 것이다."

허리 아래에 생긴 병은 아마도 성병이었을 것이다. 또한 임산부와 아이가 등장하는 것으로 보아 이 역시 성적 주술력을 지닌 도구였음을 짐작하게 한다.

남성 성기에 대한 제사

남성 성기와 관계가 있는 제사에 대해 살펴보도록 하자.

일본의 모든 신사는 국가적인 대제사 이외에 각 신사에서 특별히 섬기는 신의 숭배를 위한 제사를 거행한다. 이 제사는 모리오카에서 거행되는 남성 성기의 제사보다 하루 빠른데, 세계적으로 고대에 거행된 다른 민족의 봄 축제와 시기적으로 일치한다.

이 제사에는 이와 비슷한 제사에서 볼 수 있는 상징 이외에 달리 다른 것이 없었다. 제사를 위해 멀리에서 온 신도의 신관이 기도문을 외우고 쌀, 떡, 과일 등을 제단에 바쳤다. 남녀와 아이들도 각지에서 찾아와 공물을 바치고 짧은 기도를 했다. 그리고 제삿날 신사 근처에 개설된 노점에서 과자 등을 사고 집으로 돌아갔다.

그리고 가까이에 있는 남성 성기에 공물을 바쳤다. 그렇다고 그것을 비난하는 사람도 없었다. 왜냐하면 그들이 기도를 하러 온 목적은 성적인 건강과 가족의 증가를 신에게 기원하기 위해서이고, 또한 그들은 이 모든 것을 내려주는 것이 이 신의 속성이라고 생각하고 있기 때문이다.

오랫동안 일본에서 생활했던 사람의 기록에 의하면 커다란 차 위를 낮은 벽으로 에워싸고, 깃발을 휘날리며, 한가운데 거대한 남성 성기를 짊어진 행렬을 보았다고 한다. 이 행렬은 일종의 기도 행렬처럼 생각되었다고 한다.

에도 시대의 봉행奉行이었던 네기시 야스모리根岸鎭衛는 쓰가루津輕 지방의 성기 숭배의 유래에 대해 《미미부쿠로耳袋》라는 책에 남겨놓았다.

"쓰가루의 길에 대명신이라고 불리는 구리로 만든 남근을 모셔놓은 곳이 있다. 이 신의 유래는 어떤 예쁜 처녀가 몇 명의 남편을 맞아들였지만 모두 첫날밤에 죽거나 줄행랑을 놓았다. 딸의 아버지는 도망친 남자에게 그 연유를 물어보았다. 그랬더니 처녀의 성기에 이빨이 나 있다고 하는 것이 아닌가. 그래서 어떤 남자가 구리로 남근을 만들어 첫날밤에 그것을 사용했다고 한다. 그러자 이빨은 모두 부서지고 보통 여자의 성기가 되었다. 그래서 그 이후 그 구리로 만든 남성 성기를 모셔놓고 제사를 지내게 되었다고 한다."

또 이런 제사도 있다. 이것은 명백하게 남성 성기적인 제사의 흔적이라고 할 수 있을 것이다. 이 제사는 절의 뜰에서 거행되는데, 아마 원래는 조잡한 의식이었던 것을 세련되게 바꾸었을 것으로 생각된다. 8월의 어느 밤 젊은 남녀가 히에이산比叡山으로 가는 길 도중에 있는 숲 속에 자리하고 있는 겐조다이시元三大師라는 절에서 만나 특별한 춤을 추면서 하룻밤을 보낸다. 이때 그들은 남녀 혼성으로 구성된 열을 지어 동시에 팔을 흔들며 그들보다 나이가 든 사람과 젊은 사람들 사이를 다니면서 노래를 부른다.

이 노래는 가혹한 재판관 앞에서 심문을 받았다는 고로 헤이五郎兵衛, 궁문을 지키고 왕이 행차할 때 경비를 맡았던 무관라는 사람에 대한 동정을 나타낸 다음 젊은 여자의 에로틱한 감정의 토로로 정점에 이르게 된다.

그것은 성적인 비유를 내포하고 있는 아름다운 노래로 태고라는 시대와 이와 같은 상징 사이에 흐르고 있는 친밀함을 이야기한다. 그런데 비유를 내포하고 있는 노래 속에 나오는 복숭아는 여성 성기를 의미하는데, 동양에서는 대개 검은색으로 묘사된다. 여기에 대해 남성 성기는 일반적으로 붉게 표현된다.

또한 이 노래는 일종의 예언, 쓰지우라辻占, 길에 서서 지나가는 사람의 우연한 말을 듣고 길흉을 점친 데서 유래한 점와 연관이 있다. 쓰지우라의 경우 길에 막대기를 꽂고, 선물을 주고 대답을 듣는 것이다.

"내가 밖에 나가 길에 서서 저녁 점에게 물었습니다. '그 사람은 언제 돌아올까요? 누가 사랑의 산을 넘어서 바닷가 근처에 있는 숲을 찾아오는 전복여성 성기를 의미을 찾으러 간다고 말했나요?' 저녁 점은 나에게 말했습니다. '귀여운 아가. 네가 기다리고 있는 사람은 가지 않아. 그 남자는 파도가 치는 큰 바다에 사는 하얀 조개를 찾고 있어. 그 남자가 아무리 밖에 오래 있는다 해도 겨우 8일 정도야. 그 남자는 네 것이야. 울지 말아라. 귀여운 아가.'"

사람들이 외우는 즉석 기도는 항상 생식과 관계가 있는 기원이다. 예를 들어 마키호리巻堀의 주문은 안산女産, 어머니와 아이의 건강, 병에 걸린 성기의 치유, 장수를 위한 것이다. 신봉자들에게 물어보면 이와 동일한 관념을 그 사람들에게서 얻어낼 수 있다. 예를 들어 아이를 낳을 때 근처에 있는 제단에서 남성 성기를 하나 빌려오는데, 결과가 좋으면 빌려온 것 대신에 새로운 남성 성기를 두 개 갚았다.

오늘날에도 성기에 대한 제사는 마을 공동체의 축제 형식으로 거행되고 있다. 그 가운데 대표적인 것은 다음과 같다.

먼저 미카와三河의 덴테코 축제로 아이치愛知현에 있는 야와타샤八幡社에서는 매년 1월 3일이 되면 축제를 벌인다. 여기서 눈에 띄는 것은 붉은 옷을 입고 남성 성기 모양으로 만든 하얀 무를 엉덩이에 매달고 행진하는 사람들이다. 고환까지 동그랗게 만들어 붙인 하얀 무는 그것을 엉덩이에 매달고 있는 사람의 붉은 옷과 묘한 분위기를 연출한다.

다음으로 오카야마岡山 시의 나체 축제로 매년 2월 세번째 토요일에 거행된다. 밤 10시가 되어 큰 북이 세 번 울리면 벌거벗은 젊은이들이 경내로 몰려와 찬물로 몸을 깨끗하게 씻은 다음 '왓쇼이, 왓쇼이'라고 소리를 지르면서 때를 기다린다. 밤 12시가 되면 본당 천장에서 남근 모양의 한 나무토막이 떨어지는데 이를 차지하기 위해 젊은이들은 몸을 아끼지 않는다. 이를 차지한 젊은이는 그것을 봉납하고 그해의 복을 받은 젊은이로 모든 사람의 축복을 받는다.

세 번째는 오와리尾張의 풍년제로 매년 3월 15일에 거행된다. 이 축제에서 눈길을 끄는 것은 둘레 60센티미터, 길이 2미터에 이르는 큰 남성 성기를 운반하는 신여神輿라고 부르는 가마이다. 행렬이 신사에 도착하면 거대한 남성 성기를 신사에 바치고 다산과 풍요를 빈다. 축제에 참가한 사람들은 신성한 나무에 매달아놓은 크고 작은 성기나 부적 등을 갖고 집에 돌아가 그 해의 풍작을 기원한다. 남성 성기는 매년 새로 제작된다.

성기 신앙

　모든 예배에도 신앙이 내재되어 있는데, 신앙은 예배 속에 포함되거나 문서나 구전으로 표현된다. 그리고 지금까지 살펴본 성기 숭배에도 신앙이 포함되어 있다.

　이 세계관은 자연 숭배의 세계관과 동일하며, 또한 이것은 자연적으로 생성되었거나 인공적으로 묘사된 동물의 생식 기관과 비슷한 물체로 고귀한 존재, 정령, 또는 신을 구상화한 것이기 때문에 자연 숭배의 한 국면을 구성하고 있다. 여기서 '구상화'라고 표현한 것은 인공적으로 만들어진 것보다 훨씬 더 존중되는 자연적인 남성 성기를 염두에 두었기 때문이다.

　또한 그것은 자연계에 있기 때문에 신의 실제 기관器官으로 생각해야 한다. 신비주의는 이렇게 성가신 곳을 제거한다. 원시인은 곤란한 일이 있으면 이와 같은 고귀한 존재일본인이 '신'이라고 부르는 모든 것을 포함해서에게 매달린다. 이때 그들은 곤란한 일이 일어나고 있는 그 지방에서 특히 숭배되고 있는 고귀한 존재에게 매달린다.

　여기에서 성기 숭배가 잉태했다. 이것은 태양 숭배나 불 숭배와 마찬가지로 숭배의 체계를 자연적으로 적당하고 정확한 형태로 만들게 되는데, 때로는 잘못된 조야한 해석 때문에 외설적인 것과 연관을 짓게 된다. 물론 잘못된 해석이란 호의, 또는 역사적인 공상을 결여하고 있으면서 도덕에 대해 말하고 이야기를 꾸미는 것에만 관심이 있는 사람에 의해 행해지는 것이 보통이다.

　비록 상징 전체가 매우 독특하며 언제나 신비로움이 넘치고 있는 자연의 생명력을 표현하기에 어울리지 않는다고 해도, 또한 우리가 이들 상징 전체에서 신은 하나의 정령이라는 관습을 지니게 되었음에도 불구하고 위의 견해가 가장 좋은 견해라고 입증할 수는 없다.

그런데 사람들이 봉납품을 바치는 신에 관해서 나름대로의 구별을 짓고 있는지 어떤지 알기 힘들다. 남편과 남자아이를 얻기 위해 남성 성기에 공물을 바치고, 아내와 여자아이를 얻기 위해 여성 성기에 공물을 바치는 것이 여기서 행해지고 있는 규칙이다. 이 규칙에는 어떤 물건과 형태가 비슷한 물건은 그 어떤 물건이 지니고 있는 힘을 발휘한다는 사상이 드러나 있다.

대표적인 성기 숭배 지역인 곤세이 고개의 남성 성기에 남성 성기 이외에는 공물이 없다는 사실이 이를 뒷받침한다. 그리고 오노코로 섬의 남성 성기와 여성 성기가 이슬과 비슷한 액체를 분비하는 것처럼 남성 성기와 여성 성기에 술을 부어 그 술을 그 자리에서 마셔야 하는 규정이 있다. 이와 마찬가지로 야마다에 있는 한 쌍의 기둥 앞에는 말의 윤곽을 그린 작은 말 그림이 공물로 바쳐져 있다. 이 말은 불교의 상징 이외에는 해석하기 어려울 것이다. 즉 열매를 맺게 하는 바람과 구름을 의미한다.

하늘의 구름에서 땅으로 떨어지는 비는 여러 민족의 상징체계에서 하늘과 땅 사이를 수태시키는 매개자로 파악된다. 그리고 말은 신도의 신사에서 흔히 볼 수 있는 신성한 말과 비교할 수 있으며, 또한 신도의 조상으로 볼 수 있는 북아시아의 샤머니즘에서 볼 수 있는 제물로 바치는 커다란 말의 흔적이라는 증거도 된다.

성기 숭배의 신앙, 또는 그와 정신적으로 동일한 가치를 지니고 있는 것의 토대가 되는 사상은 생식이 남자와 여자의 관계이며, 또한 생식 기

관에 의해 가장 잘 상징되는 두 신에 의해 감시되고 있다는 사상이다. 그
때문에 사람들이 이들 신과 동성이나 이성의 유사한 대상을 바치며 숭배
하는 것은 자연스러운 일이다. 야마토 지방에서 사람들이 여성 성기를
바치지 않는 것은 다른 예배에서와 마찬가지로 남성적인 요소를 중요시
하고 있기 때문이다.

　이런 종류의 신앙에 대한 설명은 명백하며 이론의 여지가 없고 모든
신앙 고백에 동일하게 적용된다. 신들의 정신적인 높이와 그로부터 파생
하는 신들의 가치가 신봉자의 정신적인 높이와 직접 교체되었을 뿐이다.

원저자 크라우스의 글
성의 프리즘을 통해 본 일본인·일본문화

영국의 인류학회 회장은 성기 숭배 따위를 연구하고 있는 것은 머리가 이상하거나 생각이 잘못되었기 때문이라고 말했다. 성기 숭배는 어떤 학문에서도 연구 대상이 되지 않는다는 것이 그의 주장이었다. 또한 어떤 목사는 나에게 신성한 교의에 대해 사색하기를 권유하면서 성기 숭배를 연구하면 결국 악마를 불러들이게 될 것이라고 말했다. 이 생각은 성기를 비롯한 성풍속이 악마의 영역에 속한다는 지극히 전근대적인 발상에서 유래한 것이다. 시대는 끊임없이 변화하고 있지만 도그마된 사고는 답보 상태를 벗어나지 못하고 있는 까닭이다.

우리가 한 민족을 연구하고 이해하기 위해 한 단면만 보고 판단할 수 없다. 그렇게 해서는 편견과 선입견만을 낳을 뿐이다. 예를 들어 전쟁이나 상업, 문학만으로 판단하거나, 회화나 건축 등의 창조적인 면만을 보고 어떤 민족을 판단할 수 없다. 그것은 옳지 않은 일이다. 그 민족에 속해 있는 모든 영역을 보고서야 비로소 그 민족에 대한 연구와 이해가 가능하다. 예를 들어보자. 근대적인 대도시의 장엄한 건물이 과연 그곳에 살고 있는 주민의 모든 요구를 충족시키고 있는지 어떤지에 대해 알아보지 않고 건물의 외형을 보며 감탄만 하는 것은 과연 옳은 일일까?

겉으로 드러난 '외부적外部的인 성질'도 중요한 요소가 되겠지만 '내부적內部的인 성질' 이야말로 개인, 그리고 민족 집단과 민족 전체의 생활을 이해하는 데 결정적인 역할을 한다. 그렇다면 민속학에서 말하는 '내부적인 성질'은 과연 무엇일까? 나는 그것이 가족을 둘러싼 관례, 풍습, 권리, 또한 신앙 등 다양한 요소에 의해 규정된 부인의 지위라고 생각한다.

어머니이기도 한 부인은 모든 생성물과 획득물의 보유자인 동시에 수호자이다. 남성은 외부적으로 드러난 역사를 만들고 부인들은 그것을 체험해왔다. 또한 남성의 발달과 존속은 부인의 번영과 매우 밀접한 관계를 지녀왔다. 따라서 민속학자는 그 민족 속에서 부인의 참된 위치를 이해하려고 노력한다. 그리고 그 고찰의 중심부에 놓여 있는 것이 바로 성적性的인 활동인 것이다.

힐슈펠트는 그의 저서 《사랑의 본체에 대해》 속에서 다음과 같이 말했다.

"사람들은 애매한 자존심 때문에 성에 관한 연구를 사이비 과학이라고 비난한다. 그러나 과학은 다양성을 단일한 성질을 바탕으로 해서 질서정연하게 규정하는 인식이며 판단이라 할 수 있다. 예를 들어 자연 과학은 자연 현상을 인식하고 거기서 자연의 법칙을 얻는다. 인간의 성생활을 연구하는 경우에도 동일한 말을 적용할 수 있다. 그리고 그 취급 방법에서 그 대상에 품위를 부여하는 것이 연구의 진수라고 할 때 성생활 연구는 한층 더 중요해진다."

그러나 우리는 각 민족의 성생활을 연구한다는 것 때문에 많은 비난을 받고 있다. 우리를 비난하는 사람 가운데에는 우리의 열정적인 연구를 외설적인 상품화로 매도하거나 호색 문학을 위해 봉사한다고 말하는 사람이 많다. 나는 그들이 진리를 지독하게 왜곡하고 있다고 생각한다. 정작 중요한 것은 본질이기 때문이다.

사람들은 정작 중요한 의미를 지니고 있는 성적인 것으로부터 왜 눈을 돌리려고 하는 것일까? 아마도 성적인 것은 외설적이고 비속하다는 등식을 머리 속에 담고 있기 때문일 것이다. 나는 이 책에서 일본인의 성생활에 대해 다루었다. 아마 관심이 있는 사람은 각자 나름대로의 이유 때문에 내가 일본인의 성생활에 대해 저술하는 것을 환영할 것으로 믿는다.

과거의 일본인은 그들이 태고에 지녔던 성과 관계된 귀중한 유품을 감추려고 했다. 다른 말로 표현하면 유럽인들이 중세 유럽의 흔적을 감추려고 했던 것과 비슷하다. 그러나 우리들은 고대 일본인의 민족성을 연구함에 따라 사회 정치학자들이 알아차리지 못한 관습의 발달사에 대한 지식을 많이 축적할 수 있었다. 그리고 나는 일본의 성풍속에 대한 연구가 특이하고 한 번쯤 정리되어야 할 분야임을 굳게 믿고 있다.

구체적으로 볼 때 일본인의 신체적인 특징, 국가 제도, 시민 사회의 제도로부터 역사의 발달까지 중국인의 그것과 비교하면 일본인이 중국인의 후예라고 인정하고 싶어진다. 게다가 고도의 문화를 가진 일본인, 특히 대도시의 주민을 보면 더욱 확실하다는 느낌이 든다. 또한 종교, 언어, 전쟁, 평화의 상징, 예술, 과학 등은 중국에서 기원했다는 특징을 지니고 있다.

그러나 이 점에 대해서는 네덜란드 무역관 의사로 파견된 독일인 필립 시볼트가 확실하게 지적했다. 그는 "일본인은 중국인에 그 문화의 주요 성분를 많이 빚지고 있지만 일본인은 결코 중국인의 후예가 아니다"라고 말했다.

왜일까? 비록 일본 문화의 근간이 중국 민족에 유래하고 있다는 사실이 확실하다고 해도 일본은 중국과 달리 수많은 섬으로 구성되어 있고, 그 섬들은 몇 세기 동안 중국과 한국에 대해 반항적인 강력한 민족 분자의 피난소였다는 특이성을 지니고 있다. 그리고 자연도태가 반복되어 근본적으로는 자주 독립의, 그리고 새로운 독자적인 민족이 생겼다는 것이 그 이유라고 할 수 있다.

와세다早稻田 대학을 설립한 오쿠마 시게노부大隈重信는 그 옛날 시詩 이외에 일본 문학이라고 부를 수 있는 것이 없었지만, 그후 중국 문자가 한국을 거쳐 일본에 들어오고 불교도 같은 경로를 통해 일본에 전파되었으며, 마찬가지로 인도 철학도 일본에 유입되었다고 말했다. 그러나 이것만이 전부는 아니다. 그것은 민간전승을 무시하고 있기 때문이다. 사실 민간전승의 연구를 통해서만 일본의 특색을 이해할 수 있다.

일본인은 오늘날 혼혈 민족으로 구성되어 있지만 종족의 평균화는 아직 끝나지 않았다. 앞으로 세계의 교통은 계속해서 발전할 것이며, 또한 인간 집단의 혼교混交가 심화될 것이라는 면에서 끝이란 없다.

헤르만 텐 카테 박사는 일본에 체류 중에 일본에 대한 일반적인 인상을 바탕으로 하나의 학설을 세우려고 노력했다. 그 가운데 일부를 인용하면 이렇다.

"일본 부인의 아름다움은 과장되어 전해져 있다. 일본의 아이들은 남아프리카에 사는 호텐토트나 부시맨, 노르웨이에서 스웨덴에 걸쳐 사는 라프 인을 제외한다면 내가 전세계를 돌아다니며 본 사람들 가운데 가장 밉게 생긴 인간이다.

또한 아이누 족의 피는 생각한 것보다 훨씬 많이 일본인들 사이에 흐르고 있다. 일본인은 아이누 족에 의해 현저하게 인종이 개량되었다. 이 아이누 형, 또는 유사 아이누 형, 그 중간형 이외에 두 가지 형태를 발견했다. 그 하나는 동북 지방, 센다이仙臺 근처에 사는 허리가 큰 사람들이고, 다른 하나는 에치고越後 서해안에 사는 셈 형 인간이다.

일본인의 기원에 대해서는 확정적으로 밝혀진 것은 없다. 일본인은 말레이 인의 후예로 친親말레이 형이라는 설도 있지만 나는 그 의견에 찬성하기 어렵다. 잘해야 종족의 기원이 말레이 인과 동일하다는 정도일 것이다. 나는 일본인이 대만 북부의 원주민과 매우 비슷하다는 것을 발견했다.

또한 일본인을 작은 흑인, 즉 네글리토 족폴리네시아의 주민이라고 하는 것도 잘못이라고 생각한다. 일본인은 오히려 순수한 흑인으로, 포르투갈 인과 스페인 인에 의해 노예로서 마카오나 필리핀에 보내져 일본 해안에 표류한 흑인과의 종족적 교배가 일어났다고 가정할 수 있다.”

헤르만 텐 카테 박사는 일본인의 얼굴이 꽤나 마음에 들지 않았던 모양이다. 그 옛날 터키의 황제인 모하메드 케플리는 4년간의 재위 기간 동안 6만 명이 넘는 귀족을 만들었다. 이와 반대로 프랑스 제1공화정은 거의 대부분의 귀족을 살해했다. 그렇다면 일본에서는 어떠했을까? 군왕제가 부활될 때 봉건 귀족은 세력이 약화되고 일반 대중이 정치적으로 힘을 얻었다. 그것은 민족의 강인성을 말해주는 것이다.

발터 크락센 박사는 민족의 변질 문제에 대해서 근본적인 연구를 했는데 그 결론은 다음과 같다.

"만약 일본이 경제 관계에서 정열적인 활동성을 제한하고 그것을 군사 분야로 돌릴 수 있다면 이 나라가 범슬라브주의의 유언 집행인이 될 것에 의문의 여지가 없다."

얼마나 무서운 결론인가? 그러나 다음과 같은 견해도 있다는 것을 알아야 한다.

"서양인은 서양인의 안경을 통해서 일본을 보고 있다. 일본의 모든 현실은 생활을 직접 즐기고, 억압할 수 없을 정도로 성적性的인 사물을 좋아하고, 그리고 그 어떤 종류의 위선도 없다. 그런데도 서양인은 그것을 도덕적인 타락으로 간주하고 있다."

일본인의 생활에 향락하려고 하는 관능의 따뜻한 특징이 있음을 칭찬하고 있는 것이다. 여기에 반해 그리스도 교적인 저술가는 일본인이 방탕하고 부도덕하며, 부정不貞을 일삼고 외설적인 것에 빠져 있다고 기록하고 있다. 그들은 일본인이 부도덕적이고 수치심이 없으며 육체적인 욕망에 사로잡혀 있다는 인상을 심어주었다. 그리고 일본인은 본질적으로 종교적인 신앙심이 없다는 듯이 기술했다. 그러나 앞에서 말한 시볼트는 이렇게 말했다.

"일본에서는 거리에서도 잘 교육받은 순종적인 많은 가족을 만날 수 있다. 주인이며 군주인 아버지가 가족 때문에 가슴을 아파할 일이 별로 없다."

그는 일본인과 그 가족의 훌륭함에 대해 칭찬했다. 원래 일본인이 수치심을 모르는 호색한 민족으로 보이는 이유 가운데 하나는 목욕에 관한 편견 때문이다. 옛날 일본인은 남녀가 함께, 이른바 혼욕混浴을 했다고 한

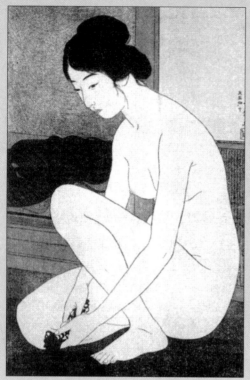
목욕하는 여자. 橋口五葉

다. 현재에는 높은 벽으로 나뉘어져 있지만 이전에는 남자의 눈앞에서 여자가 아무렇지 않게 욕탕에 들어가거나 머리를 감기도 했다고 한다.

그러나 이것은 서양의 눈으로 판단해서는 안 된다. 일본에서는 예전에 어머니와 자매가 노동을 할 때 가슴을 드러내고 있는 것이 관례였다. 그리고 그들은 그것에 익숙해져 있었다. 이 부분은 서양인과 일본인의 차이이지 도덕적으로 논할 문제가 아닌 것이다. 다음과 같은 기록도 있다.

"사람들은 공중목욕탕에서 뜨거운 물을 아끼는 것이 보통이다. 대부분의 손님은 작은 통에 뜨거운 물을 가득 붓고 돌을 깐 바닥에 쪼그리고 앉아 씻고 난 뒤 통에 남은 뜨거운 물을 몸에 끼얹는다. 이 뜨거운 물은 바닥의 한 가운데 있는 구덩이를 지나 바깥으로 흘러나간다. 그리고 대부분의 사람들은 마지막에 뜨거운 물이 가득 들어 있는 욕조에 들어간다. 이 욕조에는 많은 손님이 함께 들어간다. 늙은이나 젊은이, 남자나 여자, 아이들도 함께 들어간다. 모르는 사람이 욕조에 들어와도 벌거벗은 여자들은 마음의 평정이 흐트러지지 않는다."

그리고 또 하나 예로 들 수 있는 것이 장난감 상자이다. 그 상자를 열면 붉게 칠한 탄력성이 있는 물건이 튀어나오는 것으로 과거에 일본의 처녀들이 즐기는 장난감이다. 앞의 입욕 장면에서는 나체에 익숙해져

머리를 감는 여자. 歌川豊國

있다는 것을 의미하고, 뒤의 장난감 상자는 남성 성기가 희극적으로 상징화된 물건이라고 볼 수 있다.

일반적인 서양의 여행자는 일본인을 그리스도 교적인 눈으로 보고 일본인의 생활에는 도덕성이 결여되어 있다고 말한다. 그러나 니토베 이나조우 新渡戶稻造 교수는 이런 견해에 강하게 반발했다. 그것은 당연한 일이다. 무사도에는 무사도의 마음이 있고 매화나무에는 매화나무의 색과 향기가 있다. 그리스도 교적인 견해가 전부가 아니라는 것을 잊어서는 안 된다. 무엇인가를 이해하기 위해서는 편견과 선입견이라는 망을 걷어내

고 투명한 눈으로 보아야 한다.

나는 결론을 내리기 전에 보다 공정하게 민속학적으로 사실을 밝히려고 한다. 그리고 그 사실 인식으로부터 모든 것이 시작되어야 한다고 생각한다.

찾아보기
INDEX